TODO le es posible

Aprendiendo la fe sencilla de los héroes de la fe

Harold McDougal

Todo le es posible
Copyright © 2009 por Harold McDougal
TODOS LOS DERECHOS RESERVADOS
BAJO CONVENCIONES DE COPYRIGHT
INTERNACIONALES Y PANAMERICANAS

Este libro fue publicado originalmente en inglés bajo el título, *"All Things Are Possible"*, © 1998.

El texto Bíblico ha sido tomado de la versión Reina-Valera, © 1960 Sociedades Bíblicas en América Latina; © renovado 1988 Sociedades Bíblicas Unidas. Utilizado con permiso.

McDougal Publishing es un ministerio de la Fundación McDougal, Inc., una corporación sin fines de lucro de Maryland dedicada a la divulgación del Evangelio del Señor Jesucristo a tanta gente y en el menor tiempo como fuese posible.

Traducido al español por Jorge Ramiro Cabrera Villalón

Publicado por:

McDougal Publishing
P.O. Box 3595
Hagerstown, MD 21742-3595

www.mcdougal.org

ISBN 13: 978-1-58158-152-2

Impreso en los Estados Unidos de América
Para Distribución Mundial

Jesús le dijo: Si puedes creer, al que cree todo le es posible.

Marcos 9:23

Contenido

Introducción 7

La parte 1ª: ¿Qué significa la fe sencilla? 11
1. Definiciones 13
2. Los elementos de la fe sencilla 23

La parte 2ª: La galería de los héroes 39
3. Aprendiendo la fe sencilla de Abel 41
4. Aprendiendo la fe sencilla de Enóc 46
5. Aprendiendo la fe sencilla de Noé 50
6. Aprendiendo la fe sencilla de Abraham............... 58
7. Aprendiendo la fe sencilla de Sara...................... 68
8. Aprendiendo la fe sencilla de Isaac y Jacob 76
9. Aprendiendo la fe sencilla de José 88
10. Aprendiendo la fe sencilla de Amram y Jocabed . 108
11. Aprendiendo la fe sencilla de Moisés 115
12. Aprendiendo la fe sencilla de Josué 141
13. Aprendiendo la fe sencilla de Rahab................. 151

La parte 3ª: Los héroes de la postdata 159
14. La gran postdata 161

La parte 4ª: La aplicación personal................ 185
15. Tu fe.. 187

Introducción

La fe ... ningún tema bíblico podría tener mayor importancia. Somos salvos por la fe, recibimos sanidad por la fe, recibimos respuestas a nuestras oraciones por la fe, los regalos del Espíritu y los diversos ministerios operan por la fe, y Dios suministra nuestras necesidades diarias cuando demostramos fe en Él. Sin fe, ni siquiera podemos agradar a Dios.

Dios nos exige una fe sencilla. A través de los siglos a menudo Él ha usado a gente humilde dada su fe sencilla. En el tiempo de Jesús, por ejemplo, los fariseos podrían haber sido la opción lógica de ser apóstoles de la recién formada Iglesia. Eran dedicados, disciplinados y gente estudiosa. En cambio, Jesús escogió pescadores iletrados y a un aborrecido cobrador de impuestos. ¿Por qué? Los fariseos eran tan preparados intelectualmente que no podían aceptar las sencillas verdades que Jesús les proponía. Las enseñanzas de Él eran demasiado fáciles para ellos, por lo que no podían tomarlo seriamente. Nada puede reemplazar a la fe sencilla.

Cada hombre y mujer en la historia de la Biblia era finalmente juzgado por su fe o carencia de ella. El famoso capítulo once de Hebreos contiene una lista interesante de algunos insuperables personajes de la Biblia al respecto. Muchos grandes generales están ausentes de esa lista, como también muchos políticos, poetas y filósofos, mientras que hallamos en la lista una ex prostituta, un forastero y un niño pastor. Cuando observamos de cerca las vidas de los hombres y mujeres de la lista de héroes, descubrimos que eran muy humanos, en ciertas ocasiones atormentadamente humanos, y algunas veces fracasaron, pero finalmente triunfaron debido a su fe sencilla en Dios y en Su Palabra.

Las historias de estos hombres y mujeres tienen una importancia suprema para nosotros, los cristianos, porque la Biblia nos los mantiene como ejemplos que deberíamos imitar. ¿Qué mejor pasaje usar, entonces, como base para aprender la fe sencilla?

Quiero llevarte ahora a un peregrinaje de fe. A medida que nos emocionamos nuevamente frente a las gestas de los héroes de Dios, sintamos crecer nuestra propia fe para seguir adelante y hacer cruzadas por cuenta propia en este nuevo y emocionante siglo. Dios ha prometido que nosotros podemos hacer tales hazañas, porque Él – el Dios de Abraham, Isaac, Jacob, Eliseo, Gedeón y David – es nuestro Dios también, y ha declarado que para aquel que cree *Todo le es posible.*

Harold McDougal

La Parte 1ª

¿Qué significa la fe sencilla?

Capítulo 1

Definiciones

Es, pues, la fe la certeza de lo que se espera, la convicción de lo que no se ve.
Hebreos 11:1

La fe no es un concepto complicado en ningún sentido de la palabra. Es tan fácil de comprender en realidad, que un niño puede entenderla. Es esta simplicidad la que crea un problema para mucha gente. Para tales, la fe parece demasiada sencilla para ser verdadera, por lo tanto se sienten obligados a complicarla. Simplemente dicho, la fe significa creer, y la fe en Dios quiere decir creer en Dios. La fe sencilla es una fe irreprimida y libre de obstáculos, una fe infan-

TODO LE ES POSIBLE

til, que hace posible la consumación de la promesa y potencial que Dios tiene para cada uno en nuestras vidas.

Jesús dijo:

Mas a todos los que le recibieron, a los que creen [tienen fe] en su nombre, les dio potestad de ser hechos hijos de Dios. Juan 1:12

La interpretación presentada en de la Biblia Amplificada de este versículo nos muestra la variedad de significados que la palabra *creer* puede transmitir:

Mas a todos los que realmente le recibieron y aceptaron, Él les dio la autoridad [poder, privilegio, derecho] para volverse hijos de Dios, es decir, para aquellos que creen — OBEDECEN, CONFÍAN EN Y PERMANECEN EN — Su nombre.

Cuando crees en Dios, te adhieres a sus enseñanzas, confías en lo que Él dice y descansas en Él — exactamente como lo hace un niño. Sabes por interrelación, que Dios, tu Padre divino, es totalmente digno de confianza y totalmente fidedigno. Eso es lo que significa tener fe en Dios.

La incredulidad es la ausencia de confianza en

DEFINICIONES

Dios; y como tal, es el mayor insulto con el cual le pudiésemos pagar. Cuando no tenemos fe en Dios, estamos diciendo: "Dios, no te creo. No puedo confiar en tu Palabra. No puedo contar con lo que dices."

Denominar a alguien 'mentiroso' resulta un insulto en cualquier parte del mundo — aun en culturas donde la mentira se excusa o incluso se prevé en ciertas circunstancias. Llamar a alguien mentiroso es un asunto serio. Por consiguiente, ¿cómo podemos esperar el favor de Dios cuando lo insultamos con nuestra falta de confianza en su integridad?

Adán y Eva no cayeron de su estado glorioso original debido a algún mal comportamiento sexual, como algunos se han imaginado. Dios los creó para el placer de cada uno y para su propia compañía. Cayeron porque no creyeron lo que Dios les dijo. Su fatídico pecado fue el simple fracaso de no creer. La Biblia lo llama "incredulidad".

Dios estableció ciertos límites a Adán y Eva. Les manifestó que si atravesaban esas demarcaciones morirían. No estaba intentando limitar la diversión de sus vidas o de retenerles algo significativo. Esto era una prueba de su fe. ¿Creerían el primer hombre y la primera mujer que Dios creó para su compañía lo que Él les estaba anunciando?

TODO LE ES POSIBLE

Adán y Eva parecieron creer a Dios — hasta que intervino Satanás y los engañó. No obstante, aun Satanás era parte del plan de Dios, permitiendo así una alternativa a la verdad, para ver si Adán y Eva creerían en la palabra de su Creador.

Satanás se burló de las palabras de Dios, y luego les aseguró a Adán y Eva que lo que Dios les había dicho no era verdad, que no morirían. En realidad, dijo que lo contrario era verdad, que llegarían a ser como dioses, "conociendo el bien y el mal".

¿Fue siempre más fácil para los hombres y mujeres creer una mentira que creer en la verdad? Desde la caída del hombre del Jardín, dado que tiene una naturaleza colapsada, y considerando que el mundo de hoy está lleno de oscuridad, una mentira muchas veces parece ser más verosímil que la verdad. Sin embargo, ¿fue siempre así? ¿Habría sido verdad en el tiempo de Adán?

Dios podría haberse presentado a Adán y Eva ese día y haber discutido su punto, debatir su caso, excepto que no lo hace de ese modo. Dios primero habla y luego espera para ver si creeremos en Él, o si, como Adán antes de nosotros, preferiremos creer una mentira. Aquellos que creen en Dios se conocen como hombres y mujeres de fe; y aquellos que no creen en Dios se denominan "incrédulos." Existe un gran abismo entre los dos:

DEFINICIONES

No os unáis en yugo desigual con los incrédulos; porque ¿qué compañerismo tiene la justicia con la injusticia? ¿Y qué comunión la luz con las tinieblas? 2 Corintios 6:14

"¿Cómo podemos creer en un Dios que no podemos ver?", algunos preguntarían. "¿Cómo podemos no creer?" yo respondería. Como manifiestan las sagradas Escrituras, *"Dios no es hombre, para que mienta"*:

Dios no es hombre, para que mienta,
Ni hijo de hombre para que se arrepienta.
El dijo, ¿y no hará?
Habló, ¿y no lo ejecutará? Números 23:19

"Sólo créeme, y serás salvo," Él le está diciendo al pecador. "Sólo créeme, y serás sanado," Él le está diciendo al cristiano. "Sólo créeme, y prosperarás o serás liberado del peligro." "Solamente cree." "Confía en Mí. Apóyate en Mis palabras."

Me gusta denominar a los cristianos *"creyentes,"* y la Biblia usa esa frase también.

Ninguno tenga en poco tu juventud, sino sé ejemplo de los creyentes en palabra, conducta, amor, espíritu, fe y pureza.
1 Timoteo 4:12

TODO LE ES POSIBLE

Existen, por supuesto, grados de creencia. Tenemos creyentes poco-creyentes, creyentes aceptables, creyentes más creyentes y creyentes sumamente-creyentes. Sin embargo, dado que todo lo que recibimos de Dios llega a través de la fe, a todos nos incumbe lograr obtener más de este elemento misterioso y poderoso conocido como la fe.

La fe se recibe de dos formas. Primero, es un regalo de Dios, y cada persona viviente tiene un elemento de ella:

Conforme a la medida de fe que Dios repartió a cada uno. Romanos 12:3

Algunos han recibido más que solamente la fe básica y parecen tener un potencial poco común para creer en lo sobrenatural, Pero todos nosotros podemos crecer en la fe, porque está escrito:

Así que la fe es por el oír, y el oír, por la palabra de Dios. Romanos 10:17

¿Cómo puede crecer nuestra fe? Primero, puede crecer profundizando nuestra relación con Dios. Mientras más lo conocemos, más nos damos cuenta de lo que Él puede hacer por nosotros y cuan fácilmente lo puede hacerlo.

DEFINICIONES

Segundo, nuestra fe crece permitiéndole a Dios que opere en nuestro beneficio. Si Él ha hecho algo por nosotros una vez, no tenemos problema en creer que lo hará nuevamente. De forma similar, nuestra fe crece al escuchar lo que Dios ha hecho por los demás. Puesto que Él *"no hace acepción de personas"* (Hechos 10:34), podemos estar seguros de lo que Él ha hecho por alguien también puede hacerlo por nosotros.

Como la fe y la incredulidad se aprenden, también ambas son contagiosas. Te puedes contagiar de la fe de otros, y otros la pueden adquirir de ti; y si pasas demasiado tiempo con incrédulos, las dudas de ellos comenzarán a desgastar tu fe.

Finalmente, la fe crece aprendiendo la dirección y la palabra de Dios: *"la fe es por el oír."* Cuando llenas tu mente y tu corazón con los pensamientos de Dios resulta fácil creer que Él puede hacer cualquier cosa y que nada es demasiado difícil para Él:

He aquí que yo soy Jehová, Dios de toda carne; ¿habrá algo que sea difícil para mí?
Jeremías 32:27

La definición bíblica de fe, *"la certeza de lo que se espera, la convicción de lo que no se ve"* (Hebreos 11:1) nos muestra el poder de ella. La fe hace realidad lo que parece ser irreal. Hace posible lo que

TODO LE ES POSIBLE

parece ser imposible. Por cierto, *"al que cree todo le es posible."* Cuando tenemos fe en Dios, no necesitamos nada más. La fe es *"certeza."* Es *"convicción."* ¿Qué otra cosa podríamos necesitar, quizás?

Existe otro elemento muy importante de la fe que a menudo ignoramos — la obediencia. Fe y obediencia van de la mano, y no se pueden separar. No puedes creer y desobedecer. Si crees auténticamente, obedecerás. Adán y Eva pusieron en duda las palabras de Dios, y esa duda los condujo a su desobediencia.

Los pecadores no creen en el infierno, incluso si insisten en que sí creen. Si realmente creyeran en el infierno, no dejarían que transcurra el tiempo para estar bien con Dios y evitar así cualquier posibilidad de dirigirse a ese horrendo lugar. La fe y la obediencia son inseparables. Santiago declaró enérgicamente:

> *Así también la fe, si no tiene obras, es muerta en sí misma.* Santiago 2:17

> *¿Mas quieres saber, hombre vano, que la fe sin obras es muerta?* Santiago 2:20

> *Porque como el cuerpo sin espíritu está muerto, así también la fe sin obras está muerta.* Santiago 2:26

DEFINICIONES

La duda y la incredulidad van siempre en compañía de la desobediencia, al igual que la fe va siempre mano a mano con la obediencia. La vemos en cada historia de la Biblia. En el caso de los héroes de la fe, ellos creyeron; y porque creyeron, obedecieron.

Abel creía en Dios, a tal grado que ofreció el sacrificio que Dios dijo era necesario. Caín dudó de su importancia, así que desobedeció y perdió el favor de Dios.

Noé creyó a Dios que un diluvio venía, así que construyó un arca. Aquellos que no creyeron rehusaron subirse a bordo del arca y se ahogaron.

La incredulidad es el mayor de los pecados. El adulterio no es el peor, aunque provoca un gran daño a la familia, y Dios lo condena. Incluso la blasfemia contra Dios no es el peor pecado. Cada uno de nosotros, como individuos, podríamos tener un pecado en particular que consideramos peor que otros, salvo que Dios dice que el peor pecado es la incredulidad.

Fue la incredulidad (y solamente la incredulidad) la que provocó que cierta gente elegida de Dios fuese apartada de sus bendiciones:

> *Por su incredulidad [las ramas naturales] fueron desgajadas, pero tú por la fe estás en pie.* Romanos 11:20

TODO LE ES POSIBLE

Y así como la incredulidad es el más grande de los pecados, está establecida la creencia (la fe) como condición para la salvación. Cuando el carcelero filipense preguntó a Pablo y Silas, *"¿Qué debo hacer para ser salvo?"* (Hechos 16:30), su respuesta fue: *"Cree en el Señor Jesucristo, y serás salvo, tú y tu casa"* (Hechos 16:31).

¡Cree!, ¡Ten fe en Dios! La fe abre todas las puertas. Jesús dijo:

Al que cree todo le es posible. Marcos 9:23

¡Qué palabras tan poderosas! ¡TODO! ¡TODO ES POSIBLE! Todo es posible si desarrollamos una fe sencilla. Entonces, ¿qué estamos esperando?

¡Enséñanos la fe sencilla, Señor!

Capítulo 2

Los elementos de la fe sencilla

Por la fe Abraham, siendo llamado, obedeció para salir al lugar que había de recibir como herencia; y salió sin saber a dónde iba. Hebreos 11:8

¡Quién mejor que Abraham para enseñarnos la fe sencilla! Él fue, después de todo, el padre de la fe.

Una relación íntima

El primer elemento necesario para tener y man-

TODO LE ES POSIBLE

tener una fe sencilla es una relación íntima con Dios. Abraham conocía bien al Señor. Mientras más conoces a Dios, más confías en Él. Mientras más cerca caminas con Él, más confianza tienes en su Palabra. Tu fe no solamente está en Dios, sino también en tu relación con Él.

Si lo conoces como Padre, estás consciente que te ama; Él está interesado en tu bienestar; Él te presta atención; Él nunca te fallará; Él sabe qué es lo mejor para ti; y no dejará que nada te lastime.

Incluso los padres terrenales generalmente están preocupados en proporcionar cosas buenas a sus hijos. Nuestro Señor Jesucristo dijo:

Pues si vosotros, siendo malos, sabéis dar buenas dádivas a vuestros hijos, ¿cuánto más vuestro Padre celestial dará ... a los que se lo pidan? Lucas 11:13

La fe no puede obrar sin este elemento de relación personal. Sin ello, no tienes derechos. Eres desconocido. Estás fuera del convenio. No eres parte de la familia. Con una relación personal con Dios, todo cambia. Mi Padre me cuidará y todas sus promesas son mías. ¿Deseas tener mayor fe? Entonces acércate más a Dios. La relación produce la fe.

LOS ELEMENTOS DE LA FE SENCILLA
Oyendo la voz de Dios

Por la fe Abraham, siendo llamado, obedeció para salir al lugar que había de recibir como herencia; y salió sin saber a dónde iba. Hebreos 11:8

El segundo elemento importante de la fe sencilla es oír la voz de Dios. Jesús dijo: *"Tened fe en Dios."* Él no dijo: "Tened fe en vosotros mismos, tened fe en la iglesia o tened fe en algún prominente líder cristiano." La fe es creer en lo que Dios te dice, pero ¿cómo te puede decir algo si no tienes relación con Él y no has crecido acostumbrado a oír su voz? Creer en algo que tú deseas es vano, salvo que tengas una relación con Dios y a menos que Él te haya señalado que ésta es Su voluntad para ti.

Memorizar versículos de la Biblia y enunciarlos es inútil si no conoces a Dios y no comprendes lo que Él desea para tu vida. Orar con fe en el nombre de Cristo es inútil si no lo conoces y no has recibido aun la autoridad para usar su nombre.

Cuando los hijos de un tal Esceva observaron a Pablo echando fuera demonios, parecía tan fácil que trataron de hacerlo ellos mismos. Usaron todas las palabras correctas, pero no tenían autoridad, así que no les resultó como había sucedido con Pablo. Los espíritus malignos respondieron:

TODO LE ES POSIBLE

"A Jesús conozco, y sé quién es Pablo; pero vosotros, ¿quiénes sois?" (Hechos 19:15). Entonces los demonios saltaron sobre los hombres, los golpearon; y los echaron a correr para salvar sus vidas. Primero, la relación íntima con Dios, luego, escuchar su voz.

Cuando hayas conocido al Señor por algún tiempo y estés andando cerca de Él, sus pensamientos se convierten en tus pensamientos; su corazón se vuelve tu corazón. Es entonces cuando puedes pedir tu deseo (ver Juan 14:13-14). Es entonces cuando Dios te *"concederá* las *peticiones de tu corazón"* (Salmo 37:4). Estas promesas no son para el carnal o mundano. Son para aquellos que están andando cerca del Señor, aquellos que están oyendo su voz y sintiendo su corazón.

Mucha gente ejercita la fe para cosas que no son de la voluntad de Dios, cosas que no le agradan a Él y que no pueden traerle gloria. No seas culpable de perder tu tiempo en tales seguimientos. Conoce la voluntad de Dios y cree en lo que emana de su corazón.

Gracias a Dios que Él no oye cada oración. Gracias a Dios que no responde a cada antojo. Cuando pedimos y creemos cosas que no son buenas para nosotros, Él debe, en su misericordia e inmenso amor por nosotros, rehusar.

No damos a nuestros hijos todo lo que piden.

LOS ELEMENTOS DE LA FE SENCILLA

Podrían lastimarse o podrían causar daño a otra gente si les diésemos algo que no pudieran manipular adecuadamente. Les damos lo que sabemos que es bueno para ellos. Si se enojan y fruncen el ceño por un momento cuando se les niega algo, lamentamos dañar su bienestar, lo sentimos, pero no le podemos proporcionar cosas peligrosas. Los amamos demasiado para hacer eso.

Somos más sabios que nuestros hijos. Sabemos mejor que ellos lo que les es bueno, de tal manera que retenemos las cosas peligrosas. ¿Podría Dios hacer menos por sus hijos? Él dijo:

Pedís, y no recibís, porque pedís mal, para gastar en vuestros deleites. Santiago 4:3

La fe no es lo que deseas, salvo que lo que quieres corresponde a lo que Dios quiere para ti, y no tiene obligación en responderte cuando *"pedís mal."* Mucha gente actúa en fe y se involucra en los peores problemas. Dios promete estar con nosotros, asistirnos en cada situación de la vida, proveernos en cada necesidad, protegernos de todo enemigo, siempre cuando oímos su voz y nos desplazamos en sus mandamientos. Él no está obligado a proporcionarnos las cosas que nosotros deseamos, a menos que las usemos para su gloria.

TODO LE ES POSIBLE

Abraham salió de Ur porque fue llamado por Dios para irse. Dios no promete bendecir todas nuestras ideas y todos nuestros planes. Cuando actuamos de acuerdo con sus ideas y sus planes, entonces Él bendice. Por consiguiente, lo esperamos hablar, y cuando Él habla, actuamos sobre lo que Él ha dicho. No invocamos una visión y pedimos a Dios que la bendiga. Esperamos su visión y sabemos que la bendecirá y llegará el cumplimiento de ella.

Incluso en el ejercicio de las dones del Espíritu no actuamos por cuenta propia. Los dones del Espíritu pertenecen al Espíritu y Él los distribuye *"como él quiere"* (1 Corintios 12:11). Obran bajo su autoridad y para los designios Él proclama.

Asimismo, los ministerios de la Iglesia son *"del Espíritu,"* y los impone en ella de la manera que a Él le complace. Actúan como Él desea y para los propósitos que Él tiene en mente. Esta es la razón por la cual los cristianos carnales no pueden ejercer la fe. La ejercerían para fines carnales. Su amado Padre celestial no puede permitir eso. ¡Gracias a Dios!

Oye la voz de Dios, obtén su mente, siente su corazón, halla su voluntad, y luego la fe obrará en ti. Este segundo elemento de la vida exitosa de la fe sencilla, oír la voz de Dios, no tiene sustituto.

LOS ELEMENTOS DE LA FE SENCILLA

Obediencia

Por la fe Abraham, siendo llamado, obedeció para salir al lugar que había de recibir como herencia; y salió sin saber a dónde iba. Hebreos 11:8

El tercer elemento importante de la fe sencilla es la obediencia. La fe exige la acción obediente. Abraham salió. Noé construyó el arca. Abel ofreció el sacrificio adecuado. Gedeón convocó a los hombres de Israel a la batalla. Débora acompañó a su general al frente.

La fe sin obras está muerta. Es una fe falsa. Si crees, obedeces. Si no estuvieras seguro de lo que Dios dijese, no construirías un arca. Esperarías para ver si realmente va a llover o no. Si no estuvieses seguro de lo que oirías de Dios, no harías un viaje a través del desierto. Esperarías para ver si alguien más confirmó la existencia de una ciudad *"cuyo arquitecto y constructor es Dios"* (Hebreos 11:10). Si no estuvieses seguro de la voluntad de Dios, no harías un sacrificio adecuado y no convocarías a la nación a la batalla. Esperarías para ver lo que hicieron otros.

"Creer" sin acción, sin hacer, sin obedecer, realmente es una mentira. Ese tipo de fe está vacía, envanecida y muerta. Es una fe falsa y nada más

TODO LE ES POSIBLE

que palabras sin sentido. Todos los héroes de la fe se tornaron célebres porque actuaron sobre su fe, y la fe demanda acción.

"Siendo llamado ... obedeció," delinea el sentido de que Abraham no perdió tiempo pensándolo, meditando u orando en ello. Simplemente obedeció.

Abraham obedeció cuando se le llamó, y también debemos aprender a obedecer cuando Dios nos habla. Tal vez el año venidero será demasiado tarde. Tal vez el próximo mes será demasiado tarde. Incluso mañana puede ser demasiado tarde. Obedece cuando seas llamado. Si Dios dice: "mañana," eso es diferente. Obedece cuando seas llamado.

¿Cuántos fueron llamados para erigir una nación santa? Acaso muchos, pero fue Abraham quien llegó a Canaán presto a realizar la voluntad de Dios. Llegó hasta allí a pesar de todos los obstáculos y de todo lo que sus vecinos, su familia y amigos decían o hicieron y a pesar de los enemigos que lo amenazaban a lo largo del camino. Abraham llegó allí porque creía en Dios; y cuando tú crees, nada te puede detener. Tú y Dios hacen mayoría y es por eso que *"todo le es posible."*

Muchos comienzan bien pero más tarde se desprenden del camino. No obstante, la obediencia no es por un momento, una hora, un día, una semana o un mes. La fe te motiva a seguir hasta que llegues allí, y la fe completa lleva consigo obediencia. Las sagradas escrituras simplemente declaran:

Y salieron para ir a tierra de Canaán; y A TIERRA DE CANAÁN LLEGARON.
Génesis 12:5

¡Esa es fe verdadera! No solamente comienza; termina.

Sin saber

Por la fe Abraham, siendo llamado, obedeció para salir al lugar que había de recibir como herencia; y salió SIN SABER a dónde iba. Hebreos 11:8

El cuarto elemento importante en la fe sencilla es la verdadera naturaleza de la fe —*"sin saber,"* sin ver. La fe no es lo que ves; es lo que no ves. No es lo que tienes en la mano; es lo que no tienes. No es lo que ya tienes como evidencia; es lo que sabes que va a venir. La fe en sí misma es *"la certeza de lo que se espera, la convicción de lo que no se ve."* Eso debería ser suficiente. No necesitas ver o saber ni tener otra evidencia. La fe es suficiente.

No necesitas ver la ciudad construida sin manos. Sabes que está ahí, porque Dios dijo que estaba

TODO LE ES POSIBLE

allí. No necesitas ver las primeras gotas de lluvia. Puedes comenzar a construir un arca en tierra seca porque Dios dijo que la necesitarías para salvar a tu familia del diluvio venidero. No necesitas aprender tácticas de guerra humanas antes de convocar a los hombres a la batalla. Dios dijo que eras un hombre poderoso, de braveza y que estés seguro que El te dará la victoria. Su palabra es evidencia suficiente para ti, tanto que tú ordenas que toquen las trompetas, y lo haces por fe.

La fe indecisa es una fe desfalleciente. La fe viviente actúa. Sin saber, sin ver, sin tener ninguna otra evidencia de lo que Dios ha dicho. Nunca debe hacerte cambiar de opinión.

Si tienes razones completamente lógicas para actuar, puedes que no estés actuando por la fe del todo. Si cada señal está a tu favor, puedes estar cometiendo un gran error. En realidad, es algo corriente errar en circunstancias favorables, oportunidades fascinantes o la buena disposición de la gente como una forma de Dios para hablarnos, pero las circunstancias favorables u opiniones favorables no lo hacen así.

Cuando Dios nos habla para hacer algo, a menudo no hay nada visible sobre lo cual basar nuestras acciones. Pareciese no ser un momento oportuno. Pareciera que todo está en contra nuestra. Si tenemos que cumplir con la voluntad de Dios en

LOS ELEMENTOS DE LA FE SENCILLA

nuestras vidas, debemos actuar por la fe, porque la fe es evidencia suficiente. No necesitamos ver circunstancias favorables ni saber de opiniones favorables.

Abraham abandonó su tierra natal y emprendió un largo peregrinaje sin saber exactamente a dónde iba. No tenía un mapa de ruta que señalara detalladamente cada parte del viaje. No sabía exactamente dónde se ubicaba la tierra prometida. Tampoco sabía cuánto tiempo le tomaría en llegar allí. Salió, *SIN SABER*.

La fe puede incluir: no saber PORQUÉ, no saber QUIÉN, no saber CUÁNDO, no saber CÓMO, y no saber CUÁL CAMINO. Cuando sabemos de antemano todo, no necesitamos la fe. No se necesita de fe para seguir un mapa de ruta. Si ya sabes quién te acompañará, quién te respaldará, por dónde virarás y todos los demás detalles, ya no andas por la fe. Pablo escribió a las iglesias:

Porque en esperanza fuimos salvos; pero la esperanza que se ve, no es esperanza; porque lo que alguno ve, ¿a qué esperarlo?
Romanos 8:24

No mirando nosotros las cosas que se ven; sino las que no se ven; pues las cosas que se

TODO LE ES POSIBLE

ven son temporales, pero las que no se ven son eternas. 2 Corintios 4:18

Es la fe la certeza de LO QUE SE ESPERA, la convicción de lo que NO SE VE.
Hebreos 11:1

En la vida de la fe no fijamos nuestra mente en una dirección determinada; nos abrimos a la dirección de Dios. No insistimos sobre un cierto/a compañero/a; nos abrimos a la elección de Dios. No nos concentramos en una fuente de abastecimiento; estamos abiertos a una gran variedad de fuentes. Tenemos la intención de comenzar la jornada sin saber el cómo, el cuándo, el dónde ni el quién. Conocemos a Dios, y eso es suficiente.

La perseverancia

El elemento final de la fe sencilla es la perseverancia. Demasiada gente se desalienta fácilmente cuando no ven las promesas de Dios colmadas hoy o mañana. Le llevó tiempo a Abraham alcanzar Canaán, y le tomó determinación mantenerse avanzando hacia la meta final. Cualquier paso hacia atrás o cualquier desvío innecesario seguramente hubiesen prolongado la consecución de las promesas de Dios para su vida.

LOS ELEMENTOS DE LA FE SENCILLA

Llegar a la Tierra Prometida requiere viajar a través de desiertos y de territorio hostil. Sin embargo, cualquier cosa que pudo haber enfrentado a lo largo del camino, Abraham estuvo determinado a perseverar y alcanzar su lugar de destino cumplido.

Siempre existen consideraciones personales. Por ejemplo, no sabemos nada sobre la actitud de los padres de Abraham acerca de todo esto. No sería extraño para ellos haberse alarmado ante la perspectiva de abandonar su hogar y la seguridad para lo que debió haberles parecido un objetivo vago.

Sabemos poco o nada acerca de la actitud de Sara en esos momentos. ¿Comprendía lo que Abraham estaba haciendo? ¿Lo cuestionaba regularmente?, "¿Dónde está esa ciudad que me dijiste?" Eso no hubiera sido inusual. Nuestro andar con Dios a menudo se complica por nuestras circunstancias personales.

Nada se menciona en la narración bíblica respecto a estos asuntos personales. No se hace referencia a ellos, porque a la postre, no podían permitírseles que influyesen en el resultado final. Abraham no podía permitir que lo que sus padres pensaran o dijeran lo obstaculizaran. No podía ser disuadido por el hecho de que su esposa no estaba de acuerdo. Debía alcanzar la tierra prometida.

TODO LE ES POSIBLE

Debía obedecer a Dios, porque creía y la fe demanda acción, aunque los demás pensaran cualquier cosa en ese momento.

Solamente podemos imaginar los pensamientos que se cruzaban por la mente de Abraham mientras viajaba por el desierto, paso a paso, enfrentando las luchas diarias de la obediencia. Lo que queda claro es que tanto él como Sara estuvieron tentados en regresar a su antiguo hogar:

> *Pues si hubiesen estado pensando en aquella de donde salieron, ciertamente tenían tiempo de volver.* Hebreos 11:15

"*Tenían tiempo de volver,*" sin embargo no se distrajeron con ese pensamiento. Rehusaron proporcionarle a Satanás un lugar en sus pensamientos. Rehusaron permitir que las circunstancias los derrotaran. Manteniendo sus ojos enfocados en el objetivo pudieron avanzar hacia la promesa de Dios. No existe sustituto para la perseverancia.

La fe sencilla se pone a prueba

No debe sorprendernos el hecho que Canaán no fue alcanzada en un día. Se debe probar la fe para ver si es verdadera. Las escrituras lo declaran así:

LOS ELEMENTOS DE LA FE SENCILLA

Para que sometida a prueba vuestra fe, mucho más preciosa que el oro, el cual aunque perecedero se prueba con fuego, sea hallada en alabanza, gloria y honra cuando sea manifestado Jesucristo. 1 Pedro 1:7

Dios tiene el derecho de probarnos, y mucho de lo cual se nos presenta en el camino — tentación, persecución, dilación, adversidad y sufrimiento — no es más que eso: una prueba de nuestra fe, una prueba de nuestra buena disposición, una prueba de nuestra perseverancia. Si estamos determinados a perseverar, nada nos puede detener y nada nos puede obstaculizar. No hay suficientes demonios en el infierno que nos impidan llevar a término la voluntad de Dios si nos decidimos a perseverar, no importa qué se nos presente en el camino.

Cada día Abraham tuvo que dar un paso más en la fe, por tanto cada día tuvo que obtener una nueva orientación de Dios. Cada día tenía que tomar decisiones que afectarían su futuro, el de su familia y el de la nación para la cual fue llamado a formar. Aquellos pasos no debieron ser fáciles de seguir. No debieron ser decisiones fáciles de tomar. Sin embargo, Abraham estaba decidido a obedecer a Dios. El Señor le había hablado y no debía fracasar.

TODO LE ES POSIBLE

La fe victoriosa

Así, paso a paso — por la fe — Abraham llegó a la tierra prometida. La fe sencilla siempre traerá la victoria para aquellos que la poseen. Nuestro Padre celestial nunca niega tal fe.

Cuando Abraham arribó a Canaán, su viaje aún no estaba terminado. Para establecer lo que Dios le había prometido precisaba que viviese en tiendas como forastero durante largos años. Estaba dispuesto a hacerlo. Efectivamente, estaba dispuesto a hacer cualquier cosa que fuese necesaria. Había estado dispuesto a abandonar la seguridad de su hogar, su familia y una ciudad bien desarrollada porque consideraba que la palabra de Dios era una seguridad más grande que todas ellas, y de eso es lo que se trata la fe.

¡Enséñanos la fe sencilla, Señor!

La parte 2ª

La galería de héroes

Capítulo 3

Aprendiendo la fe sencilla de Abel

Por la fe Abel ofreció a Dios más excelente sacrificio que Caín, por lo cual alcanzó testimonio de que era justo, dando Dios testimonio de sus ofrendas; y muerto, aún habla por ella.   Hebreos 11:4

El primer héroe de la fe enumerado en Hebreos 11 no fue un guerrero conquistador. Fue un hombre muerto, asesinado en un arrebato de celos por su propio hermano. Sin embargo, la historia de Abel es digna de contar no solamente porque fue de la primera generación nacida en la tierra,

TODO LE ES POSIBLE

los herederos de la fe entregada por Dios a Adán y Eva, sus padres, sino porque *"él aún habla."* Abel aún tiene voz, aunque ha estado muerto durante miles de años.

Al mirarle a Abel, también siempre es necesario mirar a Caín porque era lo opuesto a su hermano. Esta es una de las razones por la cual lo odiaba tanto, y, a la larga, lo mató.

¿Qué era lo que enfurecía tanto a Caín? En Génesis se capta la esencia de la vida de Abel en unos pocos versículos:

> *Y aconteció andando el tiempo, que Caín trajo del fruto de la tierra una ofrenda a Jehová. Y Abel trajo también de los primogénitos de sus ovejas, de lo más gordo de ellas. Y miró Jehová con agrado a Abel y a su ofrenda; pero no miró con agrado a Caín y a su ofrenda.* Génesis 4:3-5

Fue el favor de Dios hacia Abel lo que encolerizó a Caín; y el favor de Dios hacia Abel fue el resultado de su obediencia a los mandamientos del Señor. Hebreos manifiesta: *"Abel ofreció a Dios un mejor sacrificio que Caín"*, y el Génesis señala: *"Y miró Jehová con agrado a Abel y a su ofrenda; pero no miró con agrado a Caín y a su ofrenda."*

Nuestro Dios es un Dios justo. Él no acepta a un

APRENDIENDO LA FE SENCILLA DE ABEL

hombre y rechaza a otro sin tener razón. Él es misericordioso. *"Si bien hicieres, ¿no serás enaltecido?"* (Versículo 7).

Dios bendijo a Abel porque hizo bien, y no podía bendecir a Caín porque no hizo bien.

Si Abel era consciente que estaba haciendo bien, y Caín era consciente que no estaba haciendo bien, en algún momento, y de algún modo, Dios debió haber dejado en claro a ambos exactamente lo que Él esperaba de ellos. Probablemente Adán y Eva, instruidos por el Señor, para realizar sacrificios de animales por sus pecados, habían a la vez enseñado a cada uno de sus hijos lo que Dios consideraba ser un sacrificio aceptable.

Abel creyó y obedeció, trayendo *"los primogénitos de sus ovejas, de lo más gordo de ellas."* Caín, sin embargo, rehusó y en cambio trajo *"el fruto de la tierra."* Toda esta situación se complicó dada la rivalidad que Caín sentía por su hermano y por el hecho que Abel era un pastor, mientras que Caín era agricultor. Caín estaba orgulloso con su producción y no hay nada malo en ello. Su fracaso se produjo cuando rehusó creer que un sacrificio a Dios tenía que ser una inmolación de sangre. Sus vegetales eran tan buenos como las ovejas de Abel, razonaba. ¿Por qué debería ofrecer una oveja? Dios, no obstante, declaró el sacrificio como inaceptable.

TODO LE ES POSIBLE

El Señor no es un Dios caprichoso, y la acción de Caín no fue simplemente un caso de ignorancia o de un malentendido. Caín odiaba a su hermano, porque la luz y la oscuridad nunca se pueden mezclar, y una disipa a la otra.

La bendición de Dios estaba sobre la vida de Abel y no sobre la de Caín. Caín era un pecador. Al reprobarlo, Dios dijo: *"el pecado está a la puerta."* Lo que Caín hizo cuando fue rechazado revela el triste estado de su alma. Se alzó en cólera y celos dando muerte a su hermano.

¿Qué le había hecho Abel? ¿Había producido la vergüenza en Caín? No, Caín produjo la vergüenza en sí mismo. ¿Había Abel humillado a su hermano? No, Caín se humilló a sí mismo.

Caín no estaba enfadado con Abel; estaba enojado con Dios. Cuando alzó su mano contra Abel, estaba levantando su mano contra Dios.

Pienso que Abel debió haber advertido a su hermano de no desagradar a Dios y que, por lo mismo, se había convertido en una espina bajo la piel de Caín. Si Abel era de algún modo quitado de su lado, razonó Caín, seguramente las cosas irían mejor para él.

La historia de Caín y Abel es triste, no solamente porque el primer hijo nacido en este mundo se rebeló contra Dios y se convirtió en asesino, sino porque el castigo que sufrió Caín como resultado

APRENDIENDO LA FE SENCILLA DE ABEL

de su pecado fue enorme. La incredulidad tiene consecuencias horribles. Dios no puede bendecir a aquellos que rehúsan creer en Él. De hecho, Caín sintió que su castigo fue *"más"* de lo que podía soportar y las escrituras lo registran:

Y salió Caín de delante de Jehová.
Génesis 4:16

Jesús recordó a Abel y lo llamó *"el justo"* (Mateo 23:35). Aprendamos de este hijo de la primera generación de la tierra la importancia de creer en lo que Dios dice y actuar en consecuencia.
 ¡Enséñanos la fe sencilla, Señor!

Capítulo 4

Aprendiendo la fe sencilla de Enoc

Por la fe Enoc fue traspuesto para no ver muerte, y no fue hallado, porque lo traspuso Dios; y antes que fuese traspuesto, tuvo testimonio de haber agradado a Dios.

Hebreos 11:5

De todos los personajes de la Biblia, sólo uno fue *"traspuesto."* Enoc es el único en la historia de la Biblia, y la razón de su incomparable experiencia fue su *"testimonio."* Él *"agradó a Dios."* El Génesis confirma y amplía este *"testimonio"*:

Vivió Enoc sesenta y cinco años, y engendró

APRENDIENDO LA FE SENCILLA DE ENOC

a Mathusalam. Y caminó Enoc con Dios, después que engendró a Mathusalam, trescientos años, y engendró hijos e hijas. Y fueron todos los días de Enoc trescientos sesenta y cinco años. Caminó, pues, Enoc con Dios, y desapareció, porque le llevó Dios.
Génesis 5:21-24

Enoc *"caminó con Dios."* Tuvo una relación personal con Dios. Amaba a Dios. Cuando amas a alguien, confías en ellos, crees en ellos, y deseas estar con ellos.

El amor y confianza de Enoc *"agradó a Dios,"* y todos lo sabían. Él tenía un *"testimonio."* Un testimonio es más que palabras. Un testimonio es tu vida. La gente que te rodea sabe si la bendición de Dios está contigo o no. La gente alrededor tuyo lo siente cuando lo que haces halla el favor de Dios.

Sorprendentemente, el antiguo testamento no tiene nada más que decir sobre Enoc. Él *"caminó con Dios,"* él *"agradó a Dios,"* y tuvo un buen *"testimonio."* ¿Qué más se necesita decir? ¿Qué otro legado más grandioso pudo Enoc haber dejado a sus hijos? ¿Qué gran ejemplo podía haber dejado a sus vecinos y amigos? ¿Qué gran lección nos pudo haber enseñado a aquellos que estudiamos su vida? Enoc fue un hombre de fe sencilla.

El nuevo testamento sí tiene algo más que decir

TODAS LAS COSAS SON POSIBLES

acerca de Enoc. Dice que *"profetizó"*:

De éstos también profetizó Enoc, séptimo desde Adán, diciendo: He aquí, vino el Señor con sus santas decenas de millares, para hacer juicio contra todos, y dejar convictos a todos los impíos de todas sus obras impías que han hecho impíamente, y de todas las cosas duras que los pecadores impíos han hablado contra él. Judas 14-15

Enoc no sólo creía que Dios lo estaba presentando; habló explícitamente a los otros en profecía. Pudo no haber comprendido todo lo que estaba diciendo ya que era para un tiempo futuro, pero de todos modos estaba deseando expresarse en voz alta — tanto si comprendía o no.

Esta profecía que Enoc manifestó no iba a suceder durante su vida. Era para un tiempo futuro. Cuando Dios nos muestra algo, podemos confiar en ello. Su palabra nunca falla. Vendrá el Señor *"con sus santas decenas de millares."* Puedes contar con ese hecho. Enoc estaba seguro de ello.

Dios estaba complacido con Enoc y le otorgó una gratificación inigualable por su fe, sacándolo de este mundo por un medio inusual. Fue *"traspuesto,"* es decir, que no experimentó la muerte, sino que fue físicamente alzado vivo por Dios hacia la

APRENDIENDO LA FE SENCILLA DE ENOC

patria celestial. Enoc debió haber estado tan cerca de Dios que era demasiado bueno para este mundo. No hay otra explicación para este asombroso fenómeno.

¿Cuáles fueron las circunstancias de la vida de Enoc? No lo sabemos exactamente. ¿Poseía una casa grande? ¿Se ubicaba en un buen lugar de la ciudad? ¿Tenía una buena valuación financiera? ¿Prosperaba su negocio? ¿Lo trataba bien su esposa? ¿Lo respetaban sus hijos? Ninguna de estas interrogantes está contestada en el escrito bíblico. Un instante estuvo aquí y en un momento se fue, porque *"caminó con Dios"* y *"tuvo un testimonio que agradó a Dios."* Así que las circunstancias de su vida realmente no importan. Enoc *"agradó a Dios"* cualquiera las circunstancias de su vida. Que cada uno de nosotros aprenda esa valiosa lección.

¡Enséñanos la fe sencilla, Señor!

Capítulo 5

Aprendiendo la fe sencilla de Noé

Por la fe Noé, cuando fue advertido por Dios acerca de cosas que aún no se veían, con temor preparó el arca en que su casa se salvase; y por esa fe condenó al mundo, y fue hecho heredero de la justicia que viene por la fe.   Hebreos 11:7

Noé fue *"advertido por Dios."* Él amaba a Dios, caminó con Dios, escuchaba la voz de Dios, y cuando Dios le habló él creyó lo que le estaba diciendo. La Biblia lo denomina *"varón justo"* que fue *"perfecto en sus generaciones"* (Génesis 6:9).

APRENDIENDO LA FE SENCILLA DE NOÉ

No puedes ser *"advertido de Dios"* si no lo estás oyendo. Dios desea hablar con todos nosotros, pero solamente puede hablar a aquellos que desean escucharlo. Noé había llegado a conocer la voz de Dios al andar con Él.

Es posible que Noé haya aprendido su fe de su padre, Lamec, porque éste previó bendiciones en su hijo (ver Génesis 5:28-29). Cualquiera la fuente de su instrucción religiosa, Noé se desarrolló en un hombre de fe sencilla que fue advertido de Dios de *"cosas que aún no se veían."* Un día Dios le reveló a Noé algo que nadie más sabía. Le expuso a su siervo sobre algo que sucedería y que nunca había pasado antes.

Cuando Dios creó la tierra, creó un sistema eficiente de regadío. No era lluvia, como la conocemos hoy día. La lluvia es destructiva, porque a través de la lluvia recibimos demasiada agua o muy poca. Demasiada lluvia deslava la capa fértil del suelo y los nutrientes de la tierra. Cuando se acaba una fuerte lluvia, deja piedras asomadas en la superficie del suelo.

Dios tenía un sistema mejor, regar la tierra desde *"las fuentes del grande abismo"*:

El año seiscientos de la vida de Noé, en el mes segundo, a los diecisiete días del mes, aquel día fueron rotas todas las fuentes del

TODO LE ES POSIBLE

grande abismo, y las cataratas de los cielos fueron abiertas.   Génesis 7:11

La creación de Dios había crecido pecaminosamente hasta que se apenó por haber creado al hombre y se sintió apremiado a juzgarlo. Lo haría por medio de un gran diluvio. Las fuentes del abismo serían *"rotas,"* y torrentes de agua comenzarían a caer desde el cielo. Si nunca hubieses visto tal cosa y nunca hubieses oído de ello, ¿lo creerías?

Es interesante observar a aquellos que ven la nieve por primera vez. Cuando ven aquella belleza de mágicos copos congelados cayendo y lentamente cubriendo todo a su paso, se emocionan, se aterran, se contentan, se asustan. Se ríen y lloran al mismo tiempo, y tú no sabes cómo podrías reaccionar en el mismo circunstancias.

Noé oyó la voz del Señor. Dios dijo que iba a llover y que Noé debía preparar una gran embarcación para salvar a su familia. Aunque nadie más quería creerlo, Noé sí creyó y comenzó a alistarse y a advertir a otros que se preparasen. Pedro lo llamó a Noé *"pregonero de justicia"* (2 Pedro 2:5).

El escritor de Hebreos declara que Noé construyó el arca porque estaba *"conmovido por el temor."* La fe nos da un temor muy saludable. Es un temor *"bendito."* Los padres necesitan infundir un cierto temor en sus hijos, un temor de conocer las con-

APRENDIENDO LA FE SENCILLA DE NOÉ

secuencias de la desobediencia. Como creyentes, necesitamos ese mismo temor saludable, un temor de Dios y de sus palabras. Las escrituras declaran:

El principio de la sabiduría es EL TEMOR DE DIOS.　　　　　　　　Salmo 111:10

EL TEMOR DE JEHOVÁ aumentará los días.　　　　　　　　Proverbios 10:27

Riquezas, honra, y vida son la remuneración de la humildad y del TEMOR DE JEHOVÁ.　　　　　　　　Proverbios 22:4

En el TEMOR DE JEHOVÁ está la fuerte confianza.　　　　　　　　Proverbios 14:26

El TEMOR DE JEHOVÁ es manantial de vida.　　　　　　　　Proverbios 14:27

Un temor divino condujo a Noé a la acción y *"preparó un arca."* Tenía que construir el arca porque creía lo que Dios había dicho. Noé era obediente a Dios:

E lo hizo así Noé; hizo conforme a todo lo que Dios le mandó.　　　　　Génesis 6:22

TODO LE ES POSIBLE

E hizo Noé conforme a todo lo que le mandó Jehová. Génesis 7:5

¡Qué palabras tan poderosas! ¡Con razón Noé fue uno de los hombres más grandes de todos los tiempos! Él *"hizo todo lo que el Señor le mandó."* ¡Eso es fe!

La espera

Cuando hubo pasado casi ciento veinte años y aun no llegaba la lluvia, la fe de Noé no titubeaba. Él continuaba construyendo y orando.

Imagínate las burlas de la gente de su entorno. Estaban seguros que al viejo Noé se le había "escapado la razón," y no estaban dispuestos a creer en su prédica o entrar a esa caja que había construido en tierra seca. Sin embargo, Noé no estaba dispuesto a cambiar de opinión por las reacciones negativas y continuó con la construcción.

No sabemos exactamente el contenido del mensaje de Noé a sus vecinos. Probablemente a menudo repetía lo que el Señor le había dicho.

Y he aquí que yo traigo un diluvio de aguas sobre la tierra, para destruir toda carne en que haya espíritu de vida debajo del cielo; todo lo que hay en la tierra morirá.

Génesis 6:17

APRENDIENDO LA FE SENCILLA DE NOÉ

Cuando decimos lo que dice Dios, no tenemos que temer por el resultado. Dios le había asegurado a Noé que él y su familia se salvarían (ver Génesis 6:18). El justo siempre hallará gracia a los ojos del Señor.

Cuando el arca estuvo lista, Noé introdujo a su familia y a los animales que Dios le había manifestado que juntara. Cada día les insistía a sus vecinos y amigos que lo acompañaran en el arca, pero todos rechazaron la invitación.

Luego, un día, cuando las primera gotas de lluvia cayeron del cielo, todos se tornaron creyentes, dándose cuenta repentinamente que Noé había tenido razón desde el principio. Con miedo, la gente corrió hacia el arca y golpearon a la puerta, pero ya era demasiado tarde. Dios lo había cerrado (ver Génesis 7:16).

Ahora, todos parecían tener fe. Esta vez, cada uno estaba listo para arrepentirse del pecado y aceptar el perdón de Dios. Esta fe recién fundada, sin embargo, era falsa. La fe no es creer lo que vemos; es creer lo que no vemos. La fe no es creer en lo que tenemos; es creer en lo que *"esperamos."*

Imagínate lo que pasó por la mente de Noé al oír a sus vecinos gritándole que abriera la puerta. "¡Noé!", gritaban, "¡abre la puerta! ¡Creemos! ¡Lamentamos la manera en que te tratamos! Por favor, ¡abre la puerta!" Noé lo habría hecho ... si hu-

TODO LE ES POSIBLE

biese podido. Pero no pudo. Como siempre, Dios controló la puerta hacia la salvación.

Noé tuvo que responder a sus vecinos: "¡Lo siento mucho, pero ya es demasiado tarde. Dios ha cerrado la puerta y no la puedo abrir."

A medida que la tormenta arreciaba y las aguas inundaban la tierra, Noé y su familia estaban a salvo dentro del arca, mientras que todo alrededor de ellos, el mundo incrédulo, se tornó en un caos completo.

Para Noé, no pudo haber sido fácil escuchar los constantes desprecios de sus vecinos. No pudo haber sido fácil mantener los espíritus de su familia en alto durante tan largo período de espera. Tampoco debió haber sido fácil juntar todos esos animales e introducirlos en el arca. Mas, Noé había obedecido totalmente y ahora él y sus seres amados estaban a salvo.

La historia de Noé y el arca es una de las más populares historias de la Biblia entre gente de todas las edades, pero hay mucho más que recordar de este gran hombre. Cuando salió del arca, lo primero que hizo fue erigir un altar y venerar a Dios, usando algunos de los animales que sobrevivieron como sacrificios (ver Génesis 8:20). Luego Dios estableció un pacto con Noé, uno de los más importantes pactos bíblicos (ver Génesis 9:9-10).

Sería fácil tener una idea equivocada acerca de

APRENDIENDO LA FE SENCILLA DE NOÉ

Abel, Enoc y Noé, concluyendo que eran de algún modo sobrehumanos, diferentes del resto de nosotros. Sí, eran *"honestos,"* hombres *"justos,"* pero no eran perfectos. En el caso de Noé, las escrituras si usan la palabra *perfecto,* pero pronto resulta claro que lo que Dios llama *perfecto* es muy diferente a lo que nosotros llamamos perfecto y que la perfección del hombre está susceptible a cambio. En años posteriores, Noé plantó un viñedo, bebió el vino de su viña y fue hallado por sus hijos deambulando desnudo por los alrededores. El hecho que Noé debería estar en la galería de la fe tendría que ser alentador para cada uno de nosotros.

Jesús recordó a Noé y habló del día final *"como fue en los días de Noé"* (Lucas 17:26). Esta es una comparación alarmante, porque el arca no salvó a todos. Solamente Noé y su esposa, sus hijos y sus esposas entraron en el arca, y solamente aquellos que entraron fueron protegidos. Los *"pocos"* justos se salvaron (ver 1 Pedro 3:20), mientras que los impíos perecieron.

Que Dios nos ayude a prestar atención a las lecciones aprendidas a través de la vida fiel de Noé.

¡Enséñanos la fe sencilla, Señor!

Capítulo 6

Aprendiendo la fe sencilla de Abraham

Por la fe habitó como extranjero en la tierra prometida como en tierra ajena, morando en tiendas con Isaac y Jacob, coherederos de la misma promesa; porque esperaba la ciudad que tiene fundamentos, cuyo arquitecto y constructor es Dios. Hebreos 11:9-10

Se dice más de Abraham en las escrituras que de cualquier otro hombre, y es así como debe ser, porque, después de todo, fue *"el padre de fe."* Aparte de su fe en abandonar Ur por Canaán para formar una nueva nación, la fe de Abraham se demuestra

APRENDIENDO LA FE SENCILLA DE ABRAHAM

en Hebreos 11 de otras dos formas: en el modo en que vivió en la tierra de Canaán y a través de su voluntad para sacrificar a su único hijo Isaac.

Viviendo en la tierra

En el sentido más literal, Abraham nuca halló la ciudad que estaba buscando. La promesa de Dios hacia él era de índole espiritual. Él deseaba usar a Abraham para formar una nación nueva y santa a fin de traer su palabra a todas las generaciones y eventualmente poner de manifiesto al Salvador en este mundo. La *"ciudad cuyo constructor y creador es Dios"* naturalmente no se encontraría en Canaán. No obstante, cuando Abraham alcanzó esa tierra, sintió que debía detener su viaje y establecerse ahí, percibiendo que ésta era ciertamente el lugar que Dios le había prometido. Este era, él lo sabía, el lugar de culminación.

En los años que siguieron, la fe de Abraham fue probada rigurosamente, porque tuvo que vivir como extranjero en una tierra extraña, morando entre gente desconocida. Esto le representaba muchas penurias tanto para él como para su familia. Por ejemplo, a los extranjeros se les prohibía por ley adquirir una propiedad en Canaán, a tal grado que Abraham tendría que pasar el resto de su vida como un nómada, viviendo en tiendas. Él era un forastero, un intruso, un hecho que debió haberles producido un fuerte trauma emocional a él y a toda su familia.

No obstante, y a pesar del hecho de que Abraham no vio esta parte de la promesa de Dios literalmente cumplida, no se desesperó. Pasó esta promesa de Dios con confianza a Isaac y a Jacob, *"herederos con él de la misma promesa."* Por esto, Dios lo recordó y lo mantuvo como un ejemplo para todos. Nos enseña que vale la pena esperar las promesas de Dios.

El sacrificio de Isaac

Por la fe Abraham, cuando fue probado, ofreció a Isaac; y el que había recibido las promesas ofrecía su unigénito, habiéndosele dicho: En Isaac te será llamada descendencia; pensando que Dios es poderoso para levantar aun de entre los muertos, de donde, en sentido figurado, también le volvió a recibir. Hebreos 11:17-19

La mayor prueba de la fe de Abraham fue la orden de sacrificar a Isaac, una de las historias más malentendidas del antiguo testamento. El sacrificio de Isaac es un caso incomparable en la historia de la Biblia. El único caso comparable concierne a

APRENDIENDO LA FE SENCILLA DE ABRAHAM

Jepté, el cual es suficientemente interesante para estar entre la lista de héroes de la fe elogiado en Hebreos.

El Génesis relata así la petición de Dios dirigida a Abraham:

> *Aconteció después de estas cosas, que probó Dios a Abraham, y le dijo: Abraham. Y él respondió: Heme aquí. Y dijo: Toma ahora tu hijo, tu único, Isaac, a quien amas, y vete a tierra de Moriah, y ofrécelo allí en holocausto sobre uno de los montes que yo te diré.* Génesis 22:1-2

Isaac era un niño prodigioso, promisorio, y para su nacimiento Abraham y Sara habían esperado muchos y largos años. Estaban seguros que era una bendición de Dios, tanto para ellos como para las siguientes generaciones. Dudo que cualquiera de nosotros pueda imaginar lo mucho que sus padres lo amaban. Dios comprendía los sentimientos de Abraham hacia Isaac y lo llamó *"tu único hijo, a quien amas,"* no obstante, pidió a Isaac como sacrificio.

Algunos preguntarían: "¿Porqué Dios siempre desea quitarnos lo que más amamos?" Esta historia evidencia el hecho de que, en realidad, Dios no desea hacer eso. Solamente desea probar nuestro

TODO LE ES POSIBLE

amor hacia Él. Si amamos a alguien o algo más de lo que amamos a Dios, incluso si es alguien o algo que Él nos ha dado, entonces Él *debería* llevarse a esa persona o cosa por nuestro propio bien espiritual. Si amamos al Señor por sobre todas las cosas, nada tenemos que temer de Él. Dios no se deleita requisando cosas a sus hijos. A Él le place dar, atesorar en nosotros sus mayores favores.

El hecho es que Dios no tomó al hijo de Abraham. Lo que Él requería de Abraham era solamente una prueba, ¡pero qué prueba!

Esta prueba no representaba crueldad por parte de Dios. Señalaba su gran amor por Abraham. No se debe permitir que una persona o cosa se interponga entre nosotros y Dios, porque Él no desea nuestra atención dividida.

La razón de la grandiosidad de Abraham se puede ver en el siguiente versículo del Génesis:

> *Y Abraham se levantó muy de mañana, y enalbardó su asno, y tomó consigo dos siervos suyos, y a Isaac su hijo; y cortó leña para el holocausto, y se levantó, y fue al lugar que Dios le dijo.* Génesis 22:3

Nada se dijo respecto a la agonizante noche de indecisión de Abraham. Nada se dijo acerca de

APRENDIENDO LA FE SENCILLA DE ABRAHAM

su cuestionamiento a Dios, sus dudas hacia Dios, su incriminación a Dios. Se levantó temprano y se dirigió a realizar lo que el Señor le ordenó que hiciera. Abraham obedeció, le gustara o no, lo entendiera o no, o si estaba de acuerdo con ello o no.

Le tomó tres días a Abraham para llegar al lugar del sacrificio, y debieron haber sido los más difíciles de su vida. Su fe fue probada durante tres largos y agonizantes días, y, a pesar de eso, no echó pie atrás, no se desvió del sendero prescrito, y no se hizo concesiones. Siguió adelante en obediencia, haciendo todo lo que Dios requería de él.

¿Qué estaba pensando Abraham mientras se dirigía al lugar de la ejecución de Isaac? Solamente podemos imaginarnos. No pudo haber comprendido totalmente que Isaac era un tipo del Cristo venidero. No pudo haber comprendido completamente por qué Dios le pedía al *"hijo de la promesa."* Aún así, no se enfadó con Dios, no se quejó, no protestó y no rehusó.

Abraham era muy humano, y debió haber estado tratando de reconciliar en sus propios pensamientos cada cosa que Dios le había dicho. Si Isaac era un niño promisorio y todas las generaciones futuras serían bendecidas a través de él, si Isaac nació por la fe, por un milagro de Dios, y si ahora Dios se lo pedía en sacrificio, eso solamente significa una cosa: con certeza Dios lo resucitaría de entre

TODO LE ES POSIBLE

los muertos. Y eso se convirtió en la seguridad de Abraham.

Él sabía que Dios era bueno, que el Señor lo amaba, que le había prometido un gran futuro, y que ahora su futuro dependía de Isaac, así que no podría haber otra conclusión. Dios lo resucitaría de entre los muertos. Abraham estaba seguro de eso.

Estos eran los pensamientos de Abraham a medida que *"edificaba un altar"* en el Monte Moría. Estos eran sus pensamientos mientras *"componía la leña"*. Estos eran sus pensamientos a medida que *"ataba a Isaac su hijo, y lo ponía en el altar sobre la leña."* Y estos fueron sus pensamientos mientras *"extendía su mano, y tomaba el cuchillo, para degollar a su hijo."*

Abraham hizo todo lo que Dios requirió de él. Como todos sabemos, cuando Dios vio que Abraham estaba determinado a obedecerlo, entonces intervino en el último momento y le proveyó otro sacrificio. No tomó al hijo de Abraham.

El escritor de Hebreos nos dice que Abraham recibió a Isaac de entre los muertos *"en sentido figurado,"* porque si Abraham se hubiese rehusado a ofrecer su hijo a Dios, sin duda lo hubiese perdido. Solamente cuando rehusamos obedecer a Dios terminamos como perdedores. No podemos perder

APRENDIENDO LA FE SENCILLA DE ABRAHAM

cuando voluntariamente nos situamos a Su lado.

Lo que Dios le manifestó a Abraham en ese momento debiera inspirarnos a cada uno de nosotros:

Ya conozco que temes a Dios, por cuanto no me rehusaste tu hijo, tu único.
Génesis 22:12

"Ya conozco." Dios tiene el derecho de probar a aquellos que se les confió con su gloria. Cuando Abraham hubo demostrado su fe, Dios dijo: *"Ya conozco."* Luego confirió a Abraham una promesa aun mayor:

Por mí mismo he jurado, dice Jehová, que por cuanto has hecho esto, y no me has rehusado tu hijo, tu único hijo; de cierto te bendeciré, y multiplicaré tu descendencia como las estrellas del cielo y como la arena que está a la orilla del mar; y tu descendencia poseerá las puertas de sus enemigos. En tu simiente serán benditas todas las naciones de la tierra, por cuanto obedeciste a mi voz. Génesis 22:16-18

¿Porqué fue bendecido Abraham por sobre todos los hombres? Dios dijo: *"Por cuanto has hecho esto, y no me has rehusado tu hijo, tu único," "por cuanto obedeciste a mi voz."* Estas son las razones de Dios para la victoria y prosperidad de un hombre. No una fórmula, una promesa memorizada, ni aun la fe por su propia facultad, sino la sencilla obediencia.

Cuando nos probamos fiables en la prueba de fe, Dios puede confiarnos con más, y fue en este momento que Él confirmó su voluntad de concederle mucho más en la vida de Abraham. Dios está dispuesto a conceder todo lo que podamos controlar a cada uno de nosotros.

Las debilidades de Abraham

Abraham era todo menos un superhombre, y las escrituras no se empeñan en ocultar sus debilidades.

Cuando sobrevino una hambruna en la región, Abraham se fue a Egipto. Más tarde, Dios advirtió a Isaac no reaccionar a la hambruna del mismo modo que lo había hecho su padre.

En dos ocasiones, Abraham le exigió a Sara que mintiese y dijera que era su hermana porque temía que las autoridades extranjeras la hubiesen deseado, y como resultado lo tratarían malamente. En ambas ocasiones, Dios lo redimió de sus desatinos por medio de un milagro.

Cuando pasaba el tiempo, y Sara no concebía,

APRENDIENDO LA FE SENCILLA DE ABRAHAM

Abraham aceptó la sugerencia de ella para que tuviese un hijo de Agar, su sirvienta egipcia. A Dios, no le satisfizo esa decisión y no bendijo *"al hijo de la sierva"* de la forma en que había prometido bendecir al *"hijo de los libres."*

No, Abraham no era sobrehumano. Era un hombre, pero un hombre de fe, y *"nada es imposible"* para hombres y mujeres corrientes quienes creen*."*

Dios llamó a Abraham su amigo (ver Isaías 41:8). No estaba avergonzado de ser llamado *"el Dios de Abraham"* (Mateo 22:32). Jesús denominó Paraíso al *"seno de Abraham"* (Lucas 16:22). Dijo que Abraham había previsto su venida (ver Juan 8:56). También Abraham se mantiene como un ejemplo en otras partes de las escrituras del nuevo testamento (ver Romanos 4:18-25, Gálatas 3:6-7, Santiago 2:21 y 23). ¿Es de extrañarse entonces que semejante hombre sea llamado el *"padre de la fe?"*

¡Enséñanos la fe sencilla, Señor!

Capítulo 7

Aprendiendo la fe sencilla de Sara

Por la fe también la misma Sara, siendo estéril, recibió fuerza para concebir; y dio a luz aun fuera del tiempo de la edad, porque creyó ser fiel quien lo había prometido. Por lo cual también, de uno, y ése ya casi muerto, salieron como las estrellas del cielo en multitud, y como la arena innumerable que está a la orilla del mar. Hebreos 11:11-12

Abraham no podía procurar un hijo por si mismo. También Sara requería actuar en fe. Finalmente, Abraham pudo generar descendientes

APRENDIENDO LA FE SENCILLA DE SARA

"como las estrellas del cielo en multitud, y como la arena innumerable que está a la orilla del mar," pero solamente por la fe de Sara.

Sara está descrita en la sagrada escritura como una mujer muy bonita y deseable, mas una mujer cuya felicidad era incompleta porque era estéril. Eso era una cuestión muy seria en su día, y en muchas culturas actuales las mujeres estériles aun son menospreciadas. Todos piensan que algo malo les sucede o que han cometido algún pecado secreto, y por consiguiente, a menudo son desdeñadas.

Después de haber vivido la mayor parte de su vida de adulta como estéril, Sara recibió una promesa de Dios que de cierto concebiría y daría a luz un hijo. Solamente podemos imaginar su dicha en ese momento. Esa alegría, sin embargo, se derrumbó cuando pasaban los años y Sara aun no concebía. También podemos comprender su impaciencia porque parecía que el tiempo se le estaba acabando.

Entra Agar

Después de haber vivido durante diez años en Canaán, finalmente Sara perdió la esperanza de concebir y convenció a Abraham de que habían malentendido la promesa de Dios y que debía tomar a Agar, su sirvienta egipcia, como concubina y tener hijos con ella. Abraham aceptó la sugerencia muy fácilmente, y su acción precipitada produjo al fin y al cabo un problema serio en su familia.

Sara subestimó su propia reacción a la buena disposición de Abraham para tomar otra mujer y al hecho de que Agar concibió rápidamente. Sara pronto despreció a su fiel sirvienta y estuvo dispuesta a sacarla de su casa a cualquier costo. Cuando trató a Agar con mucha dureza, la egipcia huyó con su hijo.

¡Qué triste estado de cosas! Sin embargo, Dios no había terminado con Sara y, a la larga, hizo que se cumplieran todas la promesas de Él.

Sara se ríe

Lo que más se recuerda acerca de Sara es el hecho de que ella se rió cuando alcanzó a oír a los ángeles hablando con su esposo en la carpa sobre el hijo que daría a luz. Es cierto que se rió (ver Génesis 18:12) y que agrandó su falta al negar que lo había hecho (ver Génesis 18:13-15), pero no debería sorprendernos que Sara no era perfecta. Si los hombres en la lista de los héroes eran imperfectos, ¿Por qué las mujeres deberían ser diferentes? Sara era humana y estaba influenciada por las circunstancias que la rodeaban. Se sentía limitada por el

APRENDIENDO LA FE SENCILLA DE SARA

tiempo y las fuerzas naturales de la vida. ¿Somos acaso diferentes?

Sara no debió haber dudado lo que estaba oyendo del ángel porque Dios ya le había dado un nombre nuevo que significaba *"madre de príncipe"* o *"madre de naciones."* Por su risotada, algunos han tomado la interpretación de que Sara era una mujer voluntariosa, desconfiada, irrespetuosa e impaciente. Si eso fuese cierto, ¿por qué su nombre se hace presente en la lista de héroes?

La situación de Sara era tan increíble que no la podemos culpar por haberse reído. Consideremos los hechos: Abraham ya tenía setenta y cinco años cuando dejó Harán. Después de alcanzar la tierra prometida, habían pasado ya diez años sin que tuviesen hijos. Ese fue el momento cuando le sugirió a Abraham usar a Agar como una madre sustituta. Fue una decisión errónea y todos sufrieron por ella, pero en ninguna parte la Biblia desmiente el hecho de que Sara era una esposa respetuosa y cooperadora. Después de todo, siguió a su esposo a través de desiertos y territorios peligrosos hacia alguna "tierra prometida" de la que ninguno de los dos sabía nada.

Pedro no recordaba a Sara como irrespetuosa:

Como Sara obedecía a Abraham, llamándo-

TODO LE ES POSIBLE

le señor; de la cual vosotras habéis venido a ser hijas, si hacéis el bien, sin temer ninguna amenaza. 1 Pedro 3:6

Sí, Sara se rió, pero también Abraham. De hecho, Abraham se rió primero:

Entonces Abraham cayó sobre su rostro, y rióse, y dijo en su corazón: ¿A hombre de cien años ha de nacer hijo? ¿Y Sara, ya de noventa años, ha de parir? Génesis 17:17

¿Puedes visualizarlo? Abraham, el presunto padre, ya tenía cien años, y Sara, la eventual madre, ya tenía noventa. De acuerdo a las escrituras, ambos eran *"viejos y entrados en días."* Sara estaba bien pasada en años para la procreación: *"a Sara había cesado ya la costumbre de las mujeres"* (Génesis 18:11). El apóstol Pablo catalogó el cuerpo de Abraham y la matriz de Sara como ya casi *"muertos"* (Romanos 4:19). Por consiguiente, cuando leemos la historia sobre la risotada de Sara en contexto, resulta fácil comprender exactamente por qué se rió:

Y Abraham y Sara eran viejos, entrados en días; a Sara había cesado ya la costumbre de las mujeres. Rióse, pues, Sara entre sí,

APRENDIENDO LA FE SENCILLA DE SARA

diciendo: ¿Después que he envejecido tendré deleite, siendo también mi señor ya viejo?
Génesis 18:11-12

¡No es ninguna novedad que se haya reído Sara! Tú te hubieses reído también.

Todos tenemos momentos de debilidad y duda. ¡Las promesas de Dios son tan inauditas e increíbles que a veces parecen no tener relación con la realidad! Mientras insistamos en mirar nuestras circunstancias, solamente podemos reír. Desde el punto de vista natural, no hay forma en que podamos tener lo que Dios nos ha prometido.

Cuando el Señor cuestionó la risa de Sara, de pronto se dio cuenta que su risotada no era apropiada a las circunstancias, que la risa era la duda, y que la risa era un insulto a Dios. Cuando consideró la seriedad de quien estaba hablando, se arrepintió de la risa, y ya no lo hizo hasta que Dios le dio razón para una risa verdadera—el día en que su hijo nació. En ese día Sara declaró:

Dios me ha hecho reír, y cualquiera que lo oyere, se reirá conmigo. Génesis 21:6

Aquellos que niegan su imperfección e insisten en su excelencia están condenados al fracaso. Aquellos que reconocen sus debilidades y traba-

TODO LE ES POSIBLE

jan para vencerlas pueden resultar victoriosos. Si reconocemos la duda cuando nos sobreviene, confiésala y pídele al Señor que nos perdone y nos fortalezca, no hay razón para que no podamos ir hacia Él. Dios no nos ha exigido que seamos superhumanos, solamente que creamos.

Incluso Juan el Bautista tuvo su momento de duda. Durante su período de encarcelación comenzó a cuestionarse si Jesús era verdaderamente el Cristo, y le envió algunos hombres para preguntarle. Jesús se vio obligado a enviar a Juan este mensaje:

> *Los ciegos ven, los cojos andan, los leprosos son limpiados, los sordos oyen, los muertos son resucitados, y a los pobres es anunciado el evangelio.* Mateo 11:5

Cuando encuentres dudas en tu corazón, recuerda que Sara finalmente recibió sus promesas:

> *Visitó Jehová a Sara, como había dicho, e hizo Jehová con Sara COMO HABÍA HABLADO.* Génesis 21:1

Dios nunca falla en cumplir Sus promesas, cuando dejamos de lado nuestras dudas y estamos determinados a confiar en Él.

APRENDIENDO LA FE SENCILLA DE SARA

Abraham extrañó dolorosamente a Sara cuando murió (ver Génesis 23:2). Su muerte señaló el fin de un gran capítulo en la historia de la incipiente nación de Israel. Puesto que Sara fue una mujer de fe, ha provocado que todas las generaciones se rían junto a ella por el milagro que hizo Dios en respuesta a su fe sencilla.

¡Enséñanos la fe sencilla, Señor.

Capítulo 8

Aprendiendo la fe sencilla de Isaac y Jacob

Por la fe bendijo Isaac a Jacob y a Esaú respecto a cosas venideras.   Hebreos 11:20

Como hijo milagroso de Abraham y Sara, Isaac recibió la promesa traspasada a él por sus padres. Tenía muchas buenas cualidades y la Biblia lo describe como un hombre humilde, un hombre de meditación y oración, un hombre afectivo y un hombre de paz. En los registros de Hebreos, sin embargo, la fe de Isaac se demostraba en un acto simple: Él *"bendijo a Jacob y a Esaú respecto a cosas venideras."*

APRENDIENDO LA FE SENCILLA DE ISAAC Y JACOB

Esto significa que Isaac aceptaba, por fe, la promesa que su padre le había comisionado, y por fe la pasó a sus propios hijos, Jacob y Esaú. Isaac no fue afectado por la brecha generacional. Tampoco rechazó automáticamente como "anticuado," "pasado de moda" o "irrelevante a la situación actual" todo lo que sus padres le habían enseñado, como mucha gente tiende a hacer. El creía y aceptaba las promesas de Dios y las pasó a la siguiente generación. Eso es fe.

Al igual que su padre antes que él, Isaac vivió toda su vida sin ver el cumplimiento físico de la promesa que Dios les había ofrecido. Vieron la realización de muchas otras promesas de Dios, pero aquellas específicas en cuestión eran para un tiempo y gente futura. A pesar de todo, como su padre antes que él, Isaac aún creía y comunicó a sus hijos *"respecto a cosas venideras."* El hecho de que las promesas no hubiesen sucedido durante su vida no lo desalentó y no lo hicieron dudar respecto a ellas. "Sucederán," les aseguró a sus hijos.

Isaac no descansó en el reino de Dios sobre las faldas de su padre. Dios no tiene nietos, y cada uno de nosotros debe desarrollar su propia relación personal con el Creador. Isaac tenía que permanecer en su propia fe y en la benevolencia de Dios. Consecuentemente, tenía que ser probado, exactamente como su padre fue probado antes que él.

TODAS LAS COSAS SON POSIBLES

Cuando Isaac se unió en matrimonio con Rebeca, a la edad de cuarenta años, descubrió que ella era incapaz de concebir, como lo había sido su madre. Tuvo que interceder con Dios en nombre de su mujer, y al hacerlo, Dios les hizo un milagro. El Dios de Abraham estaba demostrando que Él podía ser el Dios de Isaac.

Como su padre, Isaac estuvo tentado de ir a Egipto en tiempos de hambruna (ver Génesis 26:1-3). Estuvo tentado a usar el engaño "ella es mi hermana" de su padre (ver Génesis 26:7). Tuvo muchos de los mismos problemas que su padre había experimentado con sus vecinos (ver Génesis 26:19-35). Isaac rehusaba luchar por lo que legítimamente era suyo. Él sabía que Dios le *"daría cabida."*

Los buenos atributos de Isaac

Como su padre antes de él, Isaac no era perfecto, pero sabía que Alguien era perfecto, y su fe sencilla en Dios nunca titubeó. Vivió una vida maravillosamente rica, y cuando murió se dijo que estaba *"lleno de días"* (Génesis 35:29). Como Abraham antes de él, vivió en la prosperidad física y financiera de Dios (ver Génesis 26:12-14).

Los vecinos gentiles de Isaac percibieron la bendición sobre su vida:

APRENDIENDO LA FE SENCILLA DE ISAAC Y JACOB

Y los filisteos le tuvieron envidia.
Génesis 26:14

Y dijo Abimelech a Isaac: Apártate de nosotros, porque mucho más poderoso que nosotros te has hecho. Génesis 26:16

Y ellos respondieron: Hemos visto que Jehová está contigo. Génesis 26:28

Nosotros...te enviamos en paz: tú eres ahora bendito de Jehová. Génesis 26:29

Así como con Abraham, Dios no estaba avergonzado de ser denominado *"el Dios de Isaac"* (Génesis 28:13 y Mateo 22:32). Estas son las recompensas de la fe sencilla.

La fe de Jacob

Por la fe Jacob, al morir, bendijo a cada uno de los hijos de José, y adoró apoyado sobre el extremo de su bordón. Hebreos 11:21

La aparición de Jacob en la lista de los héroes de la fe debería servir como un estímulo a millones de creyentes, dado que su vida fue una serie de altos y bajos, éxitos y fracasos, victorias y derrotas.

TODAS LAS COSAS SON POSIBLES

Dios sabía el resultado final antes de su nacimiento y declaró que, de los mellizos, *"el mayor servirá al menor"* (Génesis 25:23). Dios no estaba tomando partido. Sabía precisamente qué clase de decisiones tomaría Jacob. Fue éste, quien, por su decisión de seguir la fe de sus padres, se halló responsable de desplazar el equilibrio del favor de Dios hacia su lado.

Sin embargo, la fe no resultó fácil para Jacob. Puesto que luchó con su hermano de nacimiento, su nombre significó *"suplantador"* o *"engañador."* Los nombres significaban mucho en aquellos días, y tal vez Jacob fue destinado en la carne a ser un defraudador, excepto que Dios tenía mejores cosas en mente para él.

Sin duda que no hubo nada bueno sobre la forma en que Jacob engañó a su padre para conseguir la bendición material y nada bueno resultó de ello. Jacob no recibió absolutamente nada como resultado de su hipocresía. De hecho, su engaño lo obligó a alejarse de casa y de todo lo que él apreciaba. Su madre sugirió el complot para engañar a Isaac, porque lo prefería ante Esaú. Ella no previno que su sugerencia separaría a Jacob durante muchos años. Imaginaba que podría estar de regreso en unos pocos días.

El peregrinaje de Jacob, sin embargo, era parte del plan de Dios para su vida, y fue durante ese

APRENDIENDO LA FE SENCILLA DE ISAAC Y JACOB

viaje cuando tuvo un encuentro con Dios en Betel e hizo una promesa de vivir por su Creador y hacer su voluntad:

E hizo Jacob voto, diciendo: Si fuere Dios conmigo, y me guardare en este viaje que voy, y me diere pan para comer y vestido para vestir, y si volviere en paz a casa de mi padre, Jehová será mi Dios. Y esta piedra que he puesto por señal, será casa de Dios: y de todo lo que me dieres, el diezmo lo apartaré para ti. Génesis 28:20-22

La vida de Jacob lejos de su hogar no fue feliz. Su suegro lo defraudó durante la noche de su boda, dándole la hija mayor, Lea, en vez de la mujer que amaba. Este engaño fue especialmente aflictivo porque Jacob ya había trabajado durante siete años para obtener el derecho de casarse con Raquel.

Cuando Labán observó que Jacob aun seguía enamorado de Raquel, exigió otros siete años de trabajo para obtener su mano. Incluso después que Jacob hubo trabajado sus catorce años, así y todo, Labán continuó injustamente aprovechándose de él. Solamente un milagro de Dios salvó a Jacob de alejarse de toda la situación con las manos vacías (ver Génesis 31:7-9).

Después de haber insistido Jacob en casarse

TODAS LAS COSAS SON POSIBLES

con la mujer que amaba, a pesar del hecho que ya estaba unido a su hermana, se desarrollaron amargas luchas internas entre las dos mujeres durante muchos años. Estas luchas internas entristecieron a Jacob y amargaron a sus hijos.

Los hijos de Labán, quienes a su vez llegaron a ser los cuñados de Jacob, también lo odiaban, recelaban y atropellaban (ver Génesis 31:1). Eventualmente, Dios llamó a Jacob a regresar a su propia tierra y dejar a sus parientes políticos atrás (ver Génesis 31:3 y Génesis 31:11-13).

Abandonar la tierra de su padre debió haber sido difícil para las hijas de Labán y posiblemente para Jacob, si se considera su recién fundamentada prosperidad. El cambio no resulta algo agradable para la mayoría de nosotros. Pero Jacob creía lo que Dios le había comunicado. Sería bendecido en la tierra prometida, y de hecho, ya había estado demasiado tiempo alejado ya. La actitud de Labán solamente le ayudó en cierto modo. De vez en cuando necesitamos este tipo de estímulo. Dios nos saca de la comodidad de nuestro nido con el propósito de cambiarnos a cosas mejores. Él nos ha estado esperando. Era el momento de Jacob para probar sus alas.

No pasó mucho tiempo desde que Jacob emprendiera su viaje a casa cuando tuvo un encuentro con unos ángeles (ver Génesis 32:1-2). Esto le hizo

APRENDIENDO LA FE SENCILLA DE ISAAC Y JACOB

saber que con certeza Dios estaba con él y que tendría éxito. Al día siguiente envió mensajeros para comunicar a Esaú que estaba en el camino a casa y, con ellos, la información de que tenía un gran número de animales y sirvientes para Esaú como un ofrecimiento de paz.

Cuando aquellos mensajeros regresaron diciendo que Esaú venía a encontrarse con él acompañado por *"cuatrocientos hombres,* Jacob *"tuvo gran temor, y se angustió"* (Génesis 32:7). El engaño paga tan enormes dividendos que Jacob no podía estar seguro cuáles eran las intenciones de Esaú. La perspectiva de ver destruida su familia y todo por lo cual había trabajado durante los años de su ausencia le aterrorizaron. La fe destruye el temor, y el pecado lo engendra.

Existía un aspecto positivo sobre el temor de Jacob. Por lo menos lo condujo a orar (ver Génesis 32:9-12).

Jacob preparó los regalos que había designado para su hermano y los envió adelante. Durante esa noche estuvo sólo y se puso serio con Dios, luchando con el Señor hasta el amanecer e insistiendo en ser bendecido antes de que lo deje. Fue durante esa noche que perdió la denominación de Jacob, *"engañador,"* y so convertió en Israel, *"príncipe con Dios"* (Génesis 32:28).

El reencuentro con Esaú resultó ser venturoso.

TODAS LAS COSAS SON POSIBLES

Su hermano lo había perdonado por el engaño y lo recibió con alegría. Esaú también había prosperado y no necesitaba los regalos de Jacob, pero éste insistió en otorgárselos de todos modos.

No todo le resultó tan bien a Jacob. Un poco más allá, a lo largo del camino a casa, su hija Dina fue profanada por un príncipe local. Cuando los hijos de Jacob tomaron venganza sobre los ofensores, su conducta dejó un testimonio negativo en la región. Jacob se quejó ante sus hijos, imaginando que sería atacado por esta gente (ver Génesis 34:30). Dios le dijo a Jacob que si retornaba a Betel y renovaba sus votos, no tendría nada de qué temer. Obedeció entonces, pero primero exigió a los miembros de su familia y sirvientes que abandonasen todos los falsos dioses que estuvieran portando y que se purificasen como preparación para encontrarse con Dios.

Tenía razón de estar preocupado, porque efectivamente se hallaron falsos dioses en el campamento y fueron destruidos. El resultado de esta limpieza fue notable:

> *Y salieron, y el terror de Dios estuvo sobre las ciudades que había en sus alrededores, y no persiguieron a los hijos de Jacob.*
>
> Génesis 35:5

APRENDIENDO LA FE SENCILLA DE ISAAC Y JACOB

Luego de otro asombroso encuentro con Dios en Betel, Jacob siguió su camino. No es sorprendente que su vida no hubiese sido un lecho de rosas. Raquel, su amada esposa, murió dando a luz a Benjamín durante el trayecto a casa (ver Génesis 35:16-20). Después de hallarse en la tierra, se originaron horrendos celos entre sus hijos, dando como resultado la venta de José como esclavo, acto que amenazó llevar a la tumba el alma de Jacob (ver Génesis 37:35). Esta enorme tristeza se tornaría más tarde en regocijo cuando Dios dignificó a José en Egipto y lo utilizó para preservar la incipiente nación de Israel. Esto fue muy apropiado porque muchos de los hijos de Jacob habían tomado esposas paganas y lentamente se estaban apartando de Dios y yendo hacia el paganismo.

El hijo mayor de Jacob, Judá, y sus dos hijos disgustaron tanto a Dios que a estos últimos les quitó la vida (ver Génesis 38).

Jacob sufrió muchos altibajos en su vida, sin embargo una cosa permaneció constante a lo largo de ella: Dios lo amó de manera especial. Él dijo:

Yo os he amado, dice Jehová; y dijisteis: ¿En qué nos amaste? ¿No era Esaú hermano de Jacob, dice Jehová, y amé a Jacob.

Malaquías 1:2

TODAS LAS COSAS SON POSIBLES

Como está escrito: A Jacob amé, mas a Esaú aborrecí. Romanos 9:13

Antes de su muerte, Jacob encomendó a sus hijos y nietos todas las promesas que permanecían incumplidas durante su vida. A pesar de cada lucha y de todo lo que la vida le había arrojado, aun estaba dispuesto a adorar a su Creador. Su fuerza estaba decayendo y se veía obligado a apoyarse en su báculo para sostenerse, pero juntó a toda su familia, traspasó la promesa de Dios a su heredero espiritual, José, y a sus dos hijos, Manassés y Efraím, y profetizó a todos los otros (ver Génesis 49:1). Jacob pudo haberse sentido un tanto débil físicamente, pero su fe estaba más fuerte que nunca. Su vista podía haber estado fallando, pero su fe en Dios era firme. Le dijo a cada uno de sus hijos cuál sería la voluntad de Dios para ellos en el futuro.

Finalmente, Jacob encargó a sus hijos que no dejasen sus huesos en Egipto. El no había olvidado la tierra de la promesa, la tierra de la bendición. Ellos abandonarían Egipto un día y avanzarían nuevamente hacia Canaán, y cuando lo hiciesen, sus huesos no deberían dejarlos atrás.

Cuando Jacob terminó todo lo que quería decir a sus hijos y nietos, murió (ver Génesis 49:33). El co-

APRENDIENDO LA FE SENCILLA DE ISAAC Y JACOB

mentario más hermoso sobre la muerte de Jacob lo expresó el escritor de Hebreos:

> *Por la fe Jacob, al morir, bendijo a cada uno de los hijos de José, y adoró apoyado sobre el extremo de su bordón.* Hebreos 11:21

Jacob había vivido por la fe y ahora estaba listo morir por la fe. Mientras exhalaba su último aliento, aun permaneció alabando a Dios. Nada había cambiado. Dios no fallaría. Estaba seguro de ello. Abraham, luego Isaac y después Jacob: tres generaciones que llevaron adelante exitosamente su fe sencilla en Dios. ¡Enséñanos la fe sencilla, Señor!

Capítulo 9

Aprendiendo la fe Sencilla de José

Por la fe José, al morir, mencionó la salida de los hijos de Israel, y dio mandamiento acerca de sus huesos. Hebreos 11:22

La historia del Génesis relata que José era el hijo favorito de Jacob *"porque le había tenido en su vejez"* (Génesis 37:3), pero había una razón más profunda. La mayoría de los hijos de Jacob fueron malcriados por las constantes riñas de sus madres, y eventualmente se casaron con mujeres paganas, aportando amargura a su padre y vergüenza a todo el clan, abandonando al Dios de Israel. José no so-

APRENDIENDO LA FE SENCILLA DE JOSÉ

lamente era un niño espiritual, sino que demostró ser la salvación de toda la familia y, también, de toda la nación.

Cuando comenzó a recibir sueños de Dios a una temprana edad, sus hermanos lo odiaron por esto. No solamente no recibieron ellos el mensaje de los sueños, sino que lo rechazaron a él como persona y le tenían rencor.

Pudo haber sido porque José usó un criterio escaso al contar a sus hermanos sobre sus sueños. La falta de sabiduría no sería extraña para un joven de su edad. Tal vez pudo haber intuido que sus hermanos no se alegrarían con él, y que en cambio sería rechazado por lo que decía.

Quizás Jacob empleó un mal criterio en mostrar abiertamente su preferencia por José. Muchos padres cometen ese error. Cualquiera fuese el caso, una falta de sentido común por parte de Jacob o de José no podrían excusar las acciones de los otros hermanos. No actuaban por ninguna falta de prudencia de Jacob o de José, sino por *"envidia"*:

> *Los patriarcas, movidos por envidia, vendieron a José para Egipto.* Hechos 7:9

No hay excusa para aquellos que odian a quienes oyen a Dios, cuando deberíamos estar oyendo a Dios nosotros mismos. No hay excusa para odiar a

TODO LE ES POSIBLE

alguien que está haciendo lo que nosotros deberíamos estar haciendo. Es un hecho, no obstante, que las bendiciones de Dios engendran malentendidos y resentimientos en aquellos que lo rechazan.

Cualquiera hubiese sido la razón, José fue atropellado por sus hermanos como resultado de sus sueños. Un cierto día cuando lo prendieron sólo en el campo lejos de casa, decidieron matarlo. Lo primero que hicieron fue despojarlo de su *"túnica de diversos colores"* que tenía, el símbolo del amor de su padre. Luego lo pusieron en un pozo profundo, y le abandonaron.

¿Qué pensaba José mientras aguardaba su destino en aquel horrible foso? Años más tarde, revelaría a sus hermanos que todo fue para *"bien," "para mantener en vida a mucho pueblo"*:

> *Vosotros pensasteis mal sobre mí, mas Dios lo encaminó a bien, para hacer lo que vemos hoy, para mantener en vida a mucho pueblo.* Génesis 50:20

Pero ¿cuánto tiempo le tomó a José darse cuenta que lo que habían hecho sus hermanos, al intentar lastimarlo, realmente era la voluntad de Dios para todos ellos? A menudo no comprendemos lo que Dios está haciendo al momento en nosotros, y debemos aceptar su voluntad por fe. Podemos

APRENDIENDO LA FE SENCILLA DE JOSÉ

hacer eso porque sabemos que Él es bueno, que nos ama, y que ha prometido trabajar siempre por nuestro bien.

"Si Dios es bueno, entonces ¿porqué estoy en este foso?" se podría pensar. *"Si Dios es bueno, entonces, ¿porqué mis hermanos me odian y me fastidian?"* El sueño de José demostró que sus hermanos un día se inclinarían ante él, pero al momento no lo estaban haciendo.

Muchos pensamientos debieron haber pasado por la mente de José estando en el foso. ¿Sabía Dios dónde estaba él en ese momento? ¿Comprendía Dios lo que los otros hijos de Jacob estaban haciendo con él? ¿Le importaba a Dios? ¿Oyó Dios el clamor de ayuda de José?

Cómo reaccionamos frente a los abismos de la vida es lo que nos fortalece o nos quiebra. Los buenos momentos que hemos encontrado en la vida no nos definen, sino las adversidades que hemos enfrentado y conquistado.

Nada dice la Biblia acerca de los pensamientos de José en este momento, porque nada hay que decir. Él era un hombre de fe. Él creía en Dios, y estaba seguro en Dios, aunque pareciera lo contrario.

Cuando los hermanos vieron una caravana acercarse, Judá tuvo una idea. Podrían vender a José a los dueños de la caravana y así deshacerse del

TODO LE ES POSIBLE

tipo que los indignaba y además ganar un poco de dinero. Así de fácil fue todo. José fue obligado y enviado lejos, y sus hermanos se fueron a casa con veinte piezas de plata más de lo que habían tenido esa mañana.

José tenía diecisiete años, y nunca había sido separado de su padre. Algunos nunca se recuperan de tales injusticias de la vida, pero José estaba destinado a la grandeza. Ninguna caravana podría apartarlo de ella. Ningún hermano celoso podría prevenir su preeminencia. No lo estaban lastimando, sino que lo estaban ayudando a alcanzar la voluntad de Dios para su vida. Dios tenía que enviarlo a Egipto porque tenía que gobernar con el faraón. Estos enrabiados hermanos y los codiciosos mercaderes solamente le estaban proporcionando a José un viaje gratis. Y ni siquiera tenía un pasaporte.

Algunos habrían considerado estos los momentos más oscuros de sus vidas, mas para José, aquella caravana representaba un viaje a Egipto gratis. ¡Qué oportunidad tan emocionante!

Siempre hay dos modos de ver las cosas. La elección es nuestra. ¡Problema u oportunidad! ¡Tragedia o triunfo! Tú escoges. El resultado es acorde a tu fe. Ganar o perder, la elección es tuya.

Los hermanos de José esparcieron la sangre de un animal sobre su túnica colorida y se lo enviaron

APRENDIENDO LA FE SENCILLA DE JOSÉ

de regreso a Jacob diciendo que una bestia salvaje había dado muerte al muchacho. Jacob lloró dolorosamente la pérdida de su hijo más amado, pero José estaba en camino hacia Egipto.

¿Cómo fue tratado José durante la travesía? ¿Cuál fue su reacción al ser obligado a obedecer todos los caprichos de sus captores, al ser tratado como objeto? Nada se dice en la narración bíblica acerca de esta fase de la vida de José porque no importaba. Esto fue solamente un trampolín hacia la gloria y el honor. Él debía soportar lo que fuese necesario, porque estaba destinado a reinar.

En un breve versículo se vislumbra la transición desde la cautividad de José en la caravana hasta su esclavitud en Egipto:

Y los madianitas lo vendieron en Egipto a Potifar, oficial de Faraón, capitán de la guardia. Génesis 37:36

En este punto, la narración del Génesis se vuelve hacia los otros hermanos y su vida en Canaán. Por el momento, José es dejado en esclavitud al mismo tiempo que la vida en Canaán seguía su curso. Los jóvenes se casaron, nacieron niños, y los enfermos y ancianos se fueron a recibir sus recompensas. A los hermanos de José les pudo haber parecido, en algunos momentos, como que

TODO LE ES POSIBLE

él nunca hubiese existido. Sin duda todos ellos trataron de sacar el recuerdo de José de sus mentes y continuar con sus vidas. José, sin embargo, no fue olvidado. Lo que Dios hizo por él en Egipto es una de las historias más asombrosas de la Biblia:

> *Más Jehová estaba con José, y fue varón prospero; y estaba en la casa de su amo el egipcio. Y vio su amo que Jehová estaba con él, y que todo lo que él hacía, Jehová lo hacía prosperar en su mano. Así halló José gracia en sus ojos, y le servía; y él le hizo mayordomo de su casa, y entregó en su poder todo lo que tenía. Y aconteció que, desde cuando le dio el encargo de su casa y de todo lo que tenía, Jehová bendijo la casa del egipcio a causa de José, y la bendición de Jehová estaba sobre todo lo que tenía, así en casa como en el campo. Y dejó todo lo que tenía en mano de José, y con él no preocupaba de cosa alguna sino del pan que comía. Y era José de hermoso semblante y bella presencia.* Génesis 39:2-6

Dios tenía un propósito para todo lo que le sucedía a José, quien, en vez de maldecir a Dios, en vez de amargarse por las circunstancias, en vez de usar el maltrato como excusa para hacer el mal,

APRENDIENDO LA FE SENCILLA DE JOSÉ

hacía lo mejor en cada situación en que se encontraba. Dios lo honraba por eso y gradualmente lo fue elevando.

¿Cuánto tiempo había pasado desde que José llegó a Egipto? No lo podemos decir con seguridad. ¿Cuánto tiempo le tomó a José ganarse el respeto y la confianza de su amo? No lo sabemos exactamente. Lo importante es que él hizo lo correcto sin considerar el tiempo empleado para ello.

Lo que José aprendería muy pronto fue que el éxito genera sus pruebas en sí, nuevas y muy diversas. La autoridad es algo maravilloso, pero uno se expone a adquirir la mentalidad de un admirador, de aquellos que no tienen nada mejor que hacer en la vida que entretenerse con el objeto de juego del momento. En poco tiempo, José fue el objeto de atención por parte de la esposa de Potifar. Ella lo deseaba y estaba resuelta a conseguirlo a cualquier costo (ver Génesis 39:7-12).

Su provocación continuó durante un tiempo hasta que se hizo constante. Lo hacía *"cada día."* Solamente podemos deducir su motivación. Tal vez su esposo tenía poco tiempo para ella, o quizás él le era infiel. Posiblemente, en sus pensamientos justificaba las insinuaciones que le hacía a José, o tal vez no necesitaba ninguna justificación. Aquellos que se dedican a la auto-satisfacción rara vez consideran las consecuencias de sus actos o les preocupa a quienes podrían lastimar en el proceso. Solamente viven para el momento. Esta mujer estaba decidida al respecto.

Esto puso a José en una situación extremadamente difícil. La mujer, por virtud de ser la esposa de Potifar, era su propietaria, y José estaba obligado a obedecer, servirle de pies a cabeza y realizar sus órdenes cualesquiera que fuesen en ese momento. No hay descripción que indique que la mujer de Potifar no haya sido muy atractiva y deseable, y José estaba muy lejos de su hogar y de su familia, solitario y en tierra extraña con gente extraña. ¿Quién lo hubiese culpado si hubiese sucumbido a sus impulsos constantes y buscado consuelo en los brazos de esa mujer? Después de todo, ella le ordenaba a hacerlo. Y si él no obedecía, ¿qué haría ella? La ira de una mujer despreciada es legendaria.

¿Qué lo mantuvo alejado de caer en la trampa puesta por esta cautivante mujer? ¿Comprendía José que hacer lo que ella deseaba le causaría perder su lugar en la historia de Israel y volverse como otros hombres? Las escrituras registran solamente que él estaba resuelto a no pecar contra Dios (ver Génesis 39:9). José permaneció leal a Dios, leal a su dueño y leal a sus compromisos.

José pudo haber sido capaz de pecar con la señora Potifar sin que nunca su esposo hubiese sabido

APRENDIENDO LA FE SENCILLA DE JOSÉ

lo que había sucedido, pero no habría podido vivir consigo mismo si hubiese fallado de este modo. No importaba que tal vez Potifar no merecía aquella sutil esposa, si es que realmente ella era una buena mujer. No importaba que Dios pareciera haberse olvidado de José y lo hubiese dejado en esclavitud en una tierra extraña. Él estaba seguro que Dios no lo había olvidado y que estaba allí por un propósito, un propósito que él tenía que mantener en lo más alto de su mente.

Si José hubiese olvidado su propósito, el pecado le habría llegado más fácilmente, pero no podía hacerlo. Sabía que sus sueños provenían de Dios y que Dios los haría realidad, de alguna manera. Tomó la decisión de salir lo más rápido que podía de la casa de Potifar, dejando su capa en manos de la mujer que se agarraba a él.

La señora Potifar reaccionó exactamente como podríamos imaginar. Gritó de rabia, pidiendo ayuda y sugiriendo que José la había atacado e indicó la prueba, la prenda que él le había dejado en sus manos. La señora manifestó la misma mentira a su esposo (ver Génesis 39:16-18). Usó el prejuicio (*"el hebreo"*) y el orgullo varonil de Potifar como herramienta para incitarlo contra José. Posiblemente le había advertido a José que haría exactamente esto, si no se sometía gustosamente a sus deseos. Después de todo, ¿quién sabría? ¿a quién le impor-

TODO LE ES POSIBLE

taría? Esta sería su venganza si José se rehusase a cooperar. Finalmente, él no le obedeció, entonces ella pensó que debía destruirlo.

Potifar, comprensiblemente enfadado, envió a José a prisión. Resulta muy fácil para el pagano creer una acusación contra el justo. "Sabía que había algo extraño en esa persona," dicen. "Parecía demasiado bueno para ser verdadero."

A la mañana siguiente, al despertarse José, ya no estaba en su lugar en el galpón para los esclavos en la casa de Potifar, donde se había despertado cada mañana durante un tiempo. Cuando abrió los ojos, lo primero que vio fue la cercanía de las paredes, las gruesas barras y la puerta. Luego comenzó a ver la realidad. Estaba en la abominable prisión del Faraón.

Ser castigado por algo que hemos hecho mal es una cosa. Nunca es fácil soportarlo, pero por lo menos sabemos que lo merecemos. Sin embargo, ser castigado por algo que no hicimos es mucho más difícil de soportar. Ciertamente, José estaba siendo castigado por su lealtad, por fidelidad, por haber hecho lo correcto. Jesús dijo:

> *Bienaventurados sois cuando por mi causa os vituperan y os persigan, y digan toda clase de mal contra vosotros, mintiendo. Gozaos y alegraos, porque vuestro galardón es*

APRENDIENDO LA FE SENCILLA DE JOSÉ

*grande en los cielos; porque así persiguieron
a los profetas que fueron antes de vosotros.*
Mateo 5:11-12

Es una bendición ser acusado y tratado injustamente cuando sucede como resultado de haber hecho lo correcto. No parece ser el caso por ahora y puedo imaginar que José debió haberse preguntado una y otra vez si había hecho lo correcto, mientras contemplaba los confines próximos de su celda. Sin embargo, en su corazón sabía que había tomado la decisión correcta y determinó hacer lo mejor dada su situación. Este fue solamente otro foso. Había salido del primero y saldría de éste también. Dios tenía un gran futuro para él, y ninguna prisión lo alejaría de la grandeza. Estaba seguro de ello.

Igual como José había prosperado en la casa de Potifar, también prosperó en la prisión del Faraón:

Mas Jehová estaba con José, y le extendió su misericordia, y le dio gracia en ojos del jefe de la cárcel. Y el jefe de la cárcel entregó en mano de José el cuidado de todos los presos que había en aquella prisión; todo lo que hacía allí, él lo hacía. No necesitaba atender el jefe de la cárcel cosa alguna de las que estaban al cuidado de José, porque Jehová

TODO LE ES POSIBLE

estaba con José, y lo que él hacía, Jehová lo prosperaba. Génesis 39:21-23

Mucha gente maldice a Dios cuando está en prisión y es arrastrado hacia la desesperación y a la autocompasión, pero José prosperó y tú puedes prosperar también. Cuando nos enfrentamos a los abismos y prisiones de la vida debemos saber que posiblemente estemos enfrentando la prueba final que nos preparará para ser los primeros ministros del mañana. Ese es el propósito de nuestras pruebas. Un Dios amoroso no pretende tomar pruebas difíciles y ponerlas en nuestro camino para lastimar nuestra alma. Dios está probando nuestra determinación y nuestra fe, preparándonos para la grandeza.

Dios estaba listo para hacer algo decisivo en Egipto. Estaba listo para salvar la nación de Israel. Dios estaba listo, ¿pero estaba listo José? Su prueba final mostró que sí estaba.

Siempre recuerda: Mientras mayor la prueba que debes enfrentar, mayor la victoria que te espera. Sé fiel, y saldrás de la mazmorra para gobernar y reinar.

Estaba en prisión, y a través de la constante comunión con Dios, José se volvió un intérprete de sueños difíciles. Fue su profundización en la relación con Dios que le permitió tener una respuesta

APRENDIENDO LA FE SENCILLA DE JOSÉ

para los sirvientes del rey que soñaban y, más tarde, para los sueños del mismo Faraón.

Eso no significa que José disfrutaba de la vida en prisión. Cuando interpretó el sueño del mayordomo y le dijo que el favor del Faraón le sería restaurado, él manifestó:

> *Acuérdate, pues, de mí para cuando tengas ese bien, y te ruego que uses conmigo de misericordia, y hagas mención de mí a Faraón, y me saques de esta casa.* Génesis 40:14

José creía que Dios lo sacaría de la prisión, y esperaba que este mayordomo pudiera ser el vehículo que Dios usaría. Estaba equivocado. El hombre lo olvidó (ver Génesis 40:23).

No te preocupes cuando la gente te olvide. No te preocupes cuando alguien haya prometido recordar tu necesidad y no lo hace. ¡No te preocupes! Hay alguien que no te ha olvidado. Hay una razón por la cual estás en la celda de la prisión, y Dios pronto te liberará para servir, en el momento propicio. ¡Confía en Él!

Dos años habían pasado cuando el Faraón tuvo su ominoso sueño, dos años en que la comida de la prisión no había mejorado y las sórdidas paredes no se volvían alegres. ¡Dos años completos! Eso

TODO LE ES POSIBLE

debió parecerle una vida a José, como a cualquiera de nosotros.

José tenía una elección. Podría haberse vuelto amargado porque estaba perdiendo los mejores años de su juventud encerrado y olvidado en una sórdida prisión y porque todos lo habían maltratado, habían mentido acerca de él y olvidado las promesas para ayudarlo, o podía pensar en dos años como una oportunidad maravillosa de prepararse para lo que vendría por delante. Esto último es exactamente lo que José decidió hacer.

Cuando el Faraón tuvo su sueño, José no estaba enfurruñándose en las profundidades de la prisión, planeando su venganza contra aquellos que lo habían agraviado cuando finalmente logró salir de ese horrible lugar. Estuvo hablando con Dios sobre su futuro y preparándose para ello. Cuando Faraón visualizó el sueño, José estaba listo para revelar la interpretación.

La historia de los años de abundancia y aquellos de escasez y del joven que fue llamado por el Faraón para acopiar alimento durante los años de abundancia y poder usarlos en los de escasez es una de las primeras historias que aprendemos cuando niños y que aun continúa inspirándonos como adultos. A pesar del hecho de ser joven y estar lejos del hogar y de la familia, y habiendo sido encarcelado injustamente por varios años,

APRENDIENDO LA FE SENCILLA DE JOSÉ

José aun pudo olvidar sus propios problemas lo suficiente como para ayudar a los demás. Este era su destino, no quejarse de cuan fría era la prisión o quién lo había agraviado, ni cómo. No nació para quejarse, sino para reinar.

Cuando José interpretó el sueño del Faraón, manifestándole francamente cuál consideraba era la solución, éste quedó debidamente impresionado. En unas pocas y cortas frases José no solamente explicó claramente el problema sino que también dio la solución que salvaría a la nación completa y a muchos otros estados circundantes también. Mientras el Faraón pensaba sobre la necesidad de tener a un hombre quien pudiera realizar este trabajo honesta y justamente de adquirir y acopiar granos para los años de escasez, se dio cuenta que no conocía a nadie con tanta sabiduría como lo había demostrado José. De hecho, *"los sabios"* de Egipto habían fracasado en la interpretación del sueño, dejándolo sólo para encontrar la solución a la crisis venidera. José era su hombre:

> *Y dijo Faraón a José: Pues que Dios te ha hecho saber todo esto, no hay entendido ni sabio como tú. Tu estarás sobre mi casa, y por tu palabra se gobernará todo mi pueblo; solamente en el trono seré yo mayor que tú.*

TODO LE ES POSIBLE

Dijo además Faraón a José: He aquí yo te he puesto sobre toda la tierra de Egipto.

Génesis 41:39-41

Ese día el Faraón tomó un anillo especial de su propia mano y lo puso en el dedo de José; ordenó que se le vista con una ropa especial y se le cuelgue alrededor del cuello una cadena de oro. Posicionó a José en el segundo carro, ordenándolo como segundo o comandante de la nación. También comenzó a buscar una esposa adecuada para José.

Esa mañana José se había despertado como antes, frente a la realidad de la prisión, sin embargo presintió que ese sería un nuevo día. Pronto estaba cabalgando tras el Faraón mientras alguien gritaba: *"doblad la rodilla,"* y el pueblo egipcio acudía a él para salvar a su nación.

El día en que todo esto sucedió, las escrituras dicen: *"Era José de edad de treinta años"* (Génesis 41:46). Tenía diecisiete años cuando sus hermanos lo vendieron para la esclavitud, así que entre su período de servicio a Potifar y su permanencia en la prisión egipcia pasaron trece largos años de su vida. Sin embargo, la experiencia de aquellos trece años no había destruido a José, sino que lo habían preparado para servir con mayor capacidad:

APRENDIENDO LA FE SENCILLA DE JOSÉ

Y de toda la tierra, venían a Egipto para comprar de José, porque por toda la tierra había crecido el hambre. Génesis 41:57

De pronto el foso tuvo sentido. De pronto el terror de haber sido sacado del hogar y de la familia y vendido como esclavo en tierra extraña tuvo sentido. De pronto la traición de la esposa de Potifar tuvo sentido. De pronto los años de prisión tuvieron sentido. Gracias a Dios por sus hermanos. Gracias a Dios por la señora Potifar. Gracias a Dios por el mayordomo olvidadizo. Dios tenía un propósito en todo lo que le había acontecido en su vida hasta ese momento.

José sabía, desde muy pequeño, que algún día conduciría a otros, pero no se había imaginado que sucedería de la forma en que ocurrió. Se había adherido a su fe en el foso y en la prisión y ahora estaba listo para servir a Dios de modo eficiente.

La reacción muy humana de José

Cuando nació su primer hijo, José lo llamó Manasés porque él decía que *"Dios me hizo olvidar todo mi trabajo, y toda la casa de mi padre"* (Génesis 41:51). Era muy humano, y sufrió psicológicamente por los abusos que había recibido de los demás, pero Dios lo había hecho olvidar. Llamó al segundo

TODO LE ES POSIBLE

hijo Efraín diciendo: *"Dios me hizo fructificar en la tierra de mi aflicción"* (Génesis 41:52), una reacción muy humana. Y sucedió que un día al ir sus hermanos a Egipto buscando comprar grano, vemos la lucha de José para contactarse con ellos, para perdonarlos por lo que le habían hecho y para reunirse con ellos.

A la final, José no solamente perdonó a sus hermanos; también les aseguró la tierra y los mantuvo en momentos de dificultades, a todos ellos con sus correspondientes familias (ver Génesis 47:12). La traición de sus hermanos ahora tuvo sentido. Pretendían lastimarlo, pero Dios lo pretendía para bien. ¿Cómo no podría perdonarlos? Es una persona insignificante quien no puede perdonar las lo malo que los demás han cometido contra ella.

Fue de este modo que Jacob y todos sus hijos con sus familias viajaron a Egipto y vivieron en la tierra de Gosén, y el pueblo hebreo fue preservado como nación, debido a un hombre de fe.

El mayor acto de fe de José

En la galería de los héroes, José es recordado por un gran acto de fe. A pesar de su rango de importancia y de autoridad en Egipto, pese a la poderosa influencia que él y su familia habían podido ejercer sobre el Faraón, no obstante su prosperidad en

APRENDIENDO LA FE SENCILLA DE JOSÉ

la tierra de Gosén, José reconocía que su permanencia en Egipto era temporal y que la nación de Israel sería convocada algún día para regresar a la tierra prometida. "Cuando vayan," les manifestó a sus hijos, "no dejen mis huesos aquí. Llévenme con ustedes":

Y José dijo a sus hermanos: Yo voy a morir; mas Dios ciertamente os visitará, y os hará subir de esta tierra a la tierra que juró a Abraham, a Isaac, y a Jacob. E hizo jurar José a los hijos de Israel, diciendo: Dios ciertamente os visitará, y haréis llevar de aquí mis huesos. Y murió José a la edad de ciento diez años; y lo embalsamaron, y fue puesto en un ataúd en Egipto. Génesis 50:24-26

Cuatrocientos años más tarde, Moisés cumplía la orden de José, llevando con él los huesos del hombre de fe mientras conducía a los israelitas hacia la tierra prometida.

¡Enséñanos la fe sencilla, Señor!

Capítulo 10

Aprendiendo la fe sencilla de Amram y Jocabed

Por la fe Moisés, cuando nació, fue escondido de sus padres por tres meses, porque le vieron niño hermoso, y no temieron el decreto del rey.   Hebreos 11:23

Es imposible hablar de la fe de un bebé. Este confía, está abierto y está aprendiendo, pero aun no sabe nada de Dios, y por consiguiente, no puede tener fe en Él. Fue la fe de los padres de Moisés, Amram (un levita) y Jocabed, su esposa, la que logró que Moisés fuese ocultado para salvar su vida. Moisés no hubiese podido librarles a los

APRENDIENDO ... DE AMRAM Y JOCABED

hijos de Israel de Egipto si sus padres no hubiesen arriesgado sus vidas para protegerlo durante su infancia. Mencionar a Amram y a Jocabed en la lista de los héroes por parte del escritor es la forma de honrar a todos los héroes desconocidos de la fe. Todos hemos oído acerca de Abraham, Isaac y Jacob, Moisés, Elías y David, pero de ¿Amram y Jocabed? Hay muchos héroes de la fe que nunca reciben reconocimiento en esta vida. Sabiendo, sin embargo, que Dios es un Dios justo, esperamos que sean dignificados en su presencia en su debido tiempo.

De Amram y Jocabed solamente sabemos lo que leemos en Hebreos y la confirmación de estas verdades en la historia de Éxodo 2:1-10, el relato sobre Moisés en los carrizales. Jocabed dio a luz a su hijo y lo ocultó exitosamente de los egipcios durante tres meses. Esta fue una hazaña asombrosa de atrevimiento, teniendo en cuenta las circunstancias.

La mayoría de nosotros conocemos bien la historia. Cuando llegó al poder un nuevo Faraón, un hombre que nunca había oído acerca de José y de la bendición que él y su pueblo habían representado para Egipto, se alarmó cuando vio la prosperidad de los hebreos. Si no fuesen detenidos de algún modo, pensaba, eventualmente dominarían a los egipcios para tomar el control de la nación. El, por consiguiente, condujo a los hebreos a una pesada

TODO LE ES POSIBLE

esclavitud. Pero como aun seguían prosperando, ordenó que se de muerte a todos los recién nacidos varones. Era el intento de Satanás para destruir al futuro liberador, una semejanza asombrosa con la orden de Herodes en tiempos de Jesucristo.

La mayoría de los padres hebreos sentían que no tenían opción alguna sobre este asunto. Después de todo, eran esclavos. Debían obedecer o sufrir las consecuencias. Amram y Jocabed, sin embargo, decidieron desafiar al Faraón y salvar la vida de Moisés.

¿Por qué hicieron eso? La vida ya era extremadamente difícil para ellos, y se tornaba más difícil cada día. ¿Para qué agregar más problemas desobedeciendo deliberadamente la orden del Faraón? ¿Qué los motivaba para llevar a cabo tan temeraria acción? En Hebreos se dan dos respuestas sencillas a estas interrogantes:

1. *Porque le vieron niño hermoso.*
2. *No temieron el decreto del rey.*

Estas son sorprendentes declaraciones de fe. Primero, vieron algo muy especial en este niño. ¿Qué pudo haber sido? ¿Era más grande, de ojos más claros o más risueño que otros niños de su misma edad? Aunque existen diferencias entre los bebés, no son tan grandes como para que cualquier exper-

APRENDIENDO ... DE AMRAM Y JOCABED

to pueda predecir que un niño dado pudiese o no pudiera hacer en la vida. Durante los tres primeros meses de su vida, Moisés no podía haber hecho o dicho nada que pudiese haber convencido a sus padres que por él valía la pena que arriesgaran sus vidas. El hecho que las otras familias hebreas no hallaran otros medios de salvar a sus amados hijos señala cuan inusual era este caso. Todas las familias amaban a sus hijos, pero una halló el modo de preservar la vida del suyo.

Lo misterioso que Amram y Jocabed vieron en su hijo tenía que ser discernido espiritualmente. Debió haberse sentido, porque no podía ser observado a simple vista. Debió haberse percibido en el Espíritu. Esta era una familia espiritual, una familia de fe. Dios les estaba señalando que pronto Él libraría a los israelitas de la esclavitud y que su hijo tendría algún papel importante que jugar en esa liberación. Exactamente cuántos detalles sabían, no podemos estar seguros, pero no tiene importancia. La fe no requiere detalles. Amram y Jocabed, de algún modo, percibieron la grandeza del futuro de Moisés, y esa percepción los hizo arriesgar gustosamente sus propias vidas para salvarlo.

No temieron el decreto del rey

¿Cómo podía ser posible que unos humildes es-

TODO LE ES POSIBLE

clavos no tuviesen temor del Faraón de Egipto, el rey más grande, más poderoso y rico del mundo en ese tiempo? El Faraón era el gobernante del Imperio Egipcio. ¿Cómo podían no temerle hombres corrientes? Era natural temerle a tal poderoso hombre, especialmente porque ellos mismos eran tan impotentes.

El secreto de la fe de Amram y Jocabed era que temían al Invisible y Eterno Rey más que al visible Faraón. Dado que andaban próximos a Dios, y dado que Dios les señaló que su favor estaba sobre Moisés, no temían desobedecer al Faraón. Lo que temían era no obedecer a Dios. Obedecer a Dios no es un riesgo, pero desobedecerle sí lo es.

Esta misma fe fue transferida de los padres a Moisés:

> *Por fe dejó a Egipto, no temiendo la ira del rey; porque se sostuvo como viendo al Invisible.* Hebreos 11:27

Moisés fue bendecido con padres de fe, y les debió su vida. No solamente sus padres mantuvieron su nacimiento en secreto, no solamente lo ocultaron durante tres meses, sino que recibieron un plan muy astuto de Dios, un plan que permitió a Jocabed criar a Moisés en sus años de formación e impartirle, a través del tipo de enseñanza que sola-

APRENDIENDO ... DE AMRAM Y JOCABED

mente una madre puede dar, su fe en Dios. Luego Moisés demostró la misma fe:

> *Por la fe dejó a Egipto, no temiendo la ira del rey; porque se sostuvo como viendo al invisible. Por la fe celebró la pascua y el aspersión de la sangre, para que el que destruía a los primogénitos no les tocase a ellos. Por la fe pasaron el Mar Rojo como por tierra seca: e intentando los egipcios hacer lo mismo, fueron ahogados.* Hebreos 11:27-29

Así, la fe se pasa de madre y padre a hijo e hija, no como una herencia genética, sino como un asunto de enseñanza. Sin duda que Amram y Jocabed ya habían muerto cuando Moisés finalmente condujo al pueblo de Israel a través del Mar Rojo, por el desierto y camino al hogar, pero sus padres fueron directamente responsables por esa gran liberación.

Cada uno de nosotros debemos mucho a los padres, amigos, vecinos, a los maestros de la escuela dominical, a los dirigentes juveniles, pastores, evangelizadores y otros que vieron un potencial en nuestras vidas y estuvieron gustosos en soportar nuestros errores y entregarse para que pudiésemos aprender los caminos de Dios. Seamos siempre agradecidos de esas personas.

TODO LE ES POSIBLE

Mostrémosle nuestra apreciación. Oremos por ellos. Y emulemos su vida de fe.

Gracias a Dios por Amram y Jocabed. Que más de nosotros seamos como ellos.

¡Enséñanos la fe sencilla, Señor!

Capítulo 11

Aprendiendo la fe sencilla de Moisés

Por la fe Moisés, hecho ya grande, rehusó llamarse hijo de la hija de Faraón, escogiendo antes ser maltratado con el pueblo de Dios, que gozar de los deleites temporales del pecado, teniendo por mayores riquezas el vituperio de Cristo que los tesoros de los egipcios; porque tenía puesta la mirada en el galardón.

Por la fe dejó a Egipto, no temiendo la ira del rey; porque se sostuvo como viendo al Invisible.

Por la fe celebró la pascua y la aspersión de

TODO LE ES POSIBLE

*la sangre, para que el que destruía a los primogénitos no los tocase a ellos.
Por la fe pasaron el Mar Rojo como por tierra seca; e intentando los egipcios hacer lo mismo, fueron ahogados.* Hebreos 11:24-29

Una cosa es tener padres devotos, pero otra cosa es aceptar el ejemplo de aquellos padres y desarrollarse en ello. Esto es lo que hizo Moisés.

No todas las personas de fe tienen hijos de fe, o incluso hijos espirituales. Sin embargo, como regla general, la fe engendra fe; y más a menudo que rara vez, aquellos que tienen fe influencian a los que están a su alrededor conduciéndolos a una vida de fe. Pero la fe es algo muy personal, y cada uno de nosotros debe demostrar su propia fe en Dios. Como se dice popularmente hoy día: Dios no tiene nietos.

La fe de Moisés está demostrada en cuatro grandes eventos: una decisión, un viaje, una celebración y una travesía.

La decisión

Por la fe Moisés, hecho ya grande, rehusó llamarse hijo de la hija de Faraón, escogiendo antes ser maltratado con el pueblo de Dios, que gozar de los deleites temporales

APRENDIENDO LA FE SENCILLA DE MOISÉS

del pecado, teniendo por mayores riquezas el vituperio de Cristo que los tesoros de los egipcios; porque tenía puesta la mirada en el galardón. Hebreos 11:24-26

Moisés ya estaba crecido y capacitado para pensar por sí mismo. Había estado viviendo en el palacio del Faraón y recibiendo la mejor educación que Egipto podía otorgar en esa época. En realidad, las escrituras dicen de él:

Y fue enseñado Moisés en toda la sabiduría de los egipcios; y era poderoso en sus dichos y obras. Hechos 7:22

Ahora Moisés era su propio hombre, y no hubiese sido extraño para él dejar de lado las enseñanzas de su madre. Los jóvenes lo hacen todos los días, especialmente cuando están influenciados por una fuerte educación laica. Por alguna razón los jóvenes se imaginan que saben mucho más que la generación anterior, que son mucho más sabios, y que pueden lograr mucho más. En cierta medida tienen razón. Cada generación, con su sabiduría acumulada, su experiencia y su prosperidad, debería hallarse un poco más adelantada en el camino al éxito que la generación anterior. No habría nada malo en ello, pero no es automático. Si los jóvenes

TODO LE ES POSIBLE

toman decisiones malas en la vida, rápidamente despilfarran todo el progreso de las generaciones pasadas y caen en el fango.

Cada individuo finalmente se mantiene en pie o se derrumba por sí mismo; y ese mantenerse en pie o derrumbarse puede depender de unas pocas decisiones importantes. Tales decisiones las enfrentó Moisés en los comienzos de su vida adulta. En un término actual, él tenía doble nacionalidad, podía escoger entre dos estilos de vida diferentes. Si aceptaba su adopción en la familia real, estaría en condición de heredar el trono del gran Imperio Egipcio, y podría convertirse algún día en el hombre más poderoso y respetado sobre la tierra (dado que aparentemente el Faraón no tenía heredero). Viviría en el palacio real, tendría todas las mejores cosas materiales que la vida podría ofrecer, y sería bien atendido.

La otra alternativa era regresar a su familia hebrea. Si tomaba esa decisión, viviría en una choza sin las comodidades modernas y sería tratado como esclavo, sin remuneración y ni siquiera recibiría un agradecimiento por sus esfuerzos. Tendría que despojarse de sus ropajes reales y adoptar aquellos andrajos que eran lo único disponible que tenían los hebreos. Tendría que abandonar la comida especial del palacio, a la cual se había acostumbrado, y volver a la escasa dieta de esclavo.

APRENDIENDO LA FE SENCILLA DE MOISÉS

¡Qué elección! ¡Qué alternativa! Pocos de nosotros tendríamos dificultad en tomar tal decisión. La elección correcta parece obvia. La triste verdad es que la mayoría de nosotros tomamos nuestras decisiones en la vida basadas en una prevista recompensa monetaria y otros beneficios materiales, pero sin ninguna consideración espiritual.

Podemos pensar en miles de razones para justificar nuestras decisiones cuando está involucrado el dinero. El dinero se ha convertido en el mayor motivador de la modernidad, y probablemente ha sido así en cada generación. Esto es verdaderamente triste porque el dinero no es una motivación adecuada para la toma de decisiones y a menudo nos conduce a la mala elección y finalmente a la tragedia.

¿Qué estilo habrías elegido? Moisés *"rehusó ser llamado el hijo de la hija del Faraón,"* y lo hizo *"por la fe."*

¿Significa esto que al tener fe en Dios debemos desistir de las mejores cosas de la vida? ¿Significa que al tener fe en Dios debemos sufrir privaciones y dificultades? ¿Significa que al tener fe en Dios debemos perder todas las cosas buenas que podríamos tener de otra manera? ¡No, en absoluto! La fe significa confiar en Dios para saber qué es mejor para nosotros al momento. Egipto era atractivo, pero representaba esclavitud al pecado.

TODO LE ES POSIBLE

El pensamiento de regresar a Gosén debió haber sido aborrecible para Moisés, sin embargo su decisión no se basaba en qué casa era mejor o quién servía las mejores comidas. Era una decisión sobre su bienestar espiritual a largo plazo y lo adecuado para su pueblo.

Satanás trata a menudo de representar las grandes decisiones de la vida en términos de dólares y centavos, pero esto es un engaño. Moisés no estaba decidiendo entre riquezas y pobreza; estaba escogiendo entre fe y paganismo; estaba escogiendo entre el Dios verdadero y viviente y un dios sol, entre verdad y error, entre el bien y el mal. Sabía que sus padres estaban en lo correcto y rehusó negar su fe. Él la hizo suya. El hecho de aceptar a la hija del Faraón como su madre sería como rechazar a su verdadera madre y no podía permitirse eso.

Moisés sabía algo que todo cristiano necesita aprender: tanto los sufrimientos asociados con ser creyente como las alegrías asociadas con ser pecador son temporales: *"escogiendo antes ser maltratado con el pueblo de Dios, que gozar de los deleites temporales del pecado."* Siempre hay una medida de crítica relacionada con demostrar fe en Dios. Posiblemente los demás no comprendan la vida de fe y tal vez puedan intentar denigrarla de algún modo. Pero cualquiera y toda aflicción asociada a

APRENDIENDO LA FE SENCILLA DE MOISÉS

nuestra fe es solamente algo temporal. Nuestro fin fundamental es la felicidad y prosperidad. Estamos destinados para la gloria. Cualquier otra cosa es momentánea, y nadie ni nada puede cambiar este hecho.

Del mismo modo, cualquier alegría relacionada con la vida del pecado es momentánea. Los lujos de la vida, los placeres carnales, las recompensas seculares, son todos fugaces. Después sobreviene la condena y el castigo, y nadie ni nada pude cambiar este hecho.

Los ricos no necesariamente son felices. La gente poderosa tampoco necesariamente es feliz. La felicidad solamente proviene de Dios. De hecho, Moisés pensaba correctamente: *"teniendo por mayores riquezas el vituperio de Cristo que los tesoros de los egipcios; porque tenía puesta la mirada en el galardón."*

¿Cuáles eran los *"tesoros de los egipcios"*? Algunos de éstos aun se conservan en los museos del mundo, y son magníficos. Algunas de las estructuras más famosas y los artefactos más valiosos que alguna vez fueron descubiertos en todo el mundo se han hallado en las tumbas egipcias, y se relacionan en su mayor parte a los tiempos de los faraones. Se descubrieron ataúdes cubiertos de oro dentro de otros más grandes también cubiertos de oro. Y lo que hemos tenido el privilegio de ver representa

TODO LE ES POSIBLE

solamente una pequeña parte de los tesoros que existían en los tiempos de Moisés.

Como nieto del Faraón, sin duda Moisés visitó las estancias de los tesoros y vio gigantescas habitaciones repletas de oro y plata, joyas de todo tipo, especias costosas y ropajes elegantes. Todo eso podía haber sido suyo si hubiese deseado denunciar su herencia hebrea. Moisés rehusó, porque sabía que había riquezas más grandes sirviendo a Cristo que las que podía hallar en todos los depósitos de Egipto.

La redacción de este versículo es interesante, dado que Moisés vivió varios miles de años antes que Cristo. El hecho de que se mencione a Cristo nos da a conocer que Moisés, tal como Abraham, Isaac, Jacob y José antes de él, tuvieron una visión de las cosas que vendrían. Así como Moisés lideró a los hijos de Israel para sacarlos de la esclavitud en Egipto, el Mesías vendría a liderar a su pueblo para liberarlo de la esclavitud del pecado.

Moisés pudo tomar una decisión correcta, aun cuando el péndulo material y monetario estaba muy lejos, en el sentido opuesto, porque tenía sus ojos puestos en la meta final, un gran secreto que todo creyente debe aprender. Si apartamos nuestros ojos del premio, estamos condenados al fracaso. Con la meta siempre a la vista, seguramente triunfaremos.

APRENDIENDO LA FE SENCILLA DE MOISÉS
El viaje

Por la fe dejó a Egipto, no temiendo la ira del rey; porque se sostuvo como viendo al Invisible.   Hebreos 11:27

Habría sido muy fácil para Moisés dar pie atrás en su decisión de identificarse con los odiados hebreos, porque cuando trató de ayudarlos, lo rechazaron. Estaban resentidos por su vida de privilegios y sospechaban de sus intenciones. ¿Quién podía culparlos? Después de todo, Moisés vestía como egipcio, hablaba como egipcio y actuaba como egipcio. Sin embargo, Moisés no usó el rechazo inicial del pueblo judío como pretexto para renunciar a su objetivo. Estaba resuelto a ser fiel a Dios y a su pueblo. Esta decisión lo condujo a una serie de eventos que cortaron la relación con el Faraón y su posible herencia.

Una lectura rápida del relato de Éxodo podría hacernos creer que Moisés escapó por temor al Faraón:

Moisés huyó de delante de Faraón, y habitó en la tierra de Madián.   Éxodo 2:15

Asimismo, al leer una segunda descripción sobre estos eventos relatados por Esteban en los

TODO LE ES POSIBLE

primeros tiempos del nuevo testamento y registrados en Hechos 7, uno podría creer que Moisés escapó debido al rechazo que obtuvo al tratar de ayudar a su pueblo:

Entonces el que maltrataba a su prójimo le rechazó, diciendo: ¿Quién te ha puesto por gobernante y juez sobre nosotros? ¿Quieres tú matarme, como mataste ayer al egipcio? Al oír esta palabra, Moisés huyó, y vivió como extranjero en tierra de Madián.
Hechos 7:27-29

La verdad, como indica Hebreos 11, es que abandonó Egipto *"por fe." "Por la fe dejó a Egipto."* ¿Qué podría significar esto? Debería significar simplemente que aceptaba sus circunstancias como la voluntad de Dios hacia él en ese momento. Necesitaba tiempo para buscar a Dios. Tenía cuarenta años cuando tomó esta decisión (ver Hechos 7:23 y 25).

Lo que causó que Moisés tomara esta decisión podría referirse a una visión, un sueño o un propósito. Algo le cautivó el corazón y le cambió. De algún modo sabía que era responsable de sacar a su pueblo de la esclavitud. Cómo esto le quedó claro no lo sabemos. Tal vez su madre había sembrado las semillas de ello en su corazón muchos

APRENDIENDO LA FE SENCILLA DE MOISÉS

años antes. Lo importante es que Moisés sabía. Lo sabía mucho antes que viera el arbusto en llamas.

Otros no comprendían la motivación de Moisés, y eso resulta muy normal y comprensible. El hecho de recibir una visión de Dios es más bien una experiencia solitaria porque a menudo sentimos que debemos convencer a los que nos rodean que lo que estamos diciendo es, ciertamente, la voluntad de Dios, de que es posible y que podemos lograrlo. Cuando los demás no responden positivamente, como sucede a menudo, debemos avanzar por nuestra cuenta, algunas veces con la cooperación de sólo unos pocos, otras veces con sólo una persona, y algunas veces totalmente solos. No importa si muchos o pocos cooperan con nuestro llamado. Sólo se necesitan dos personas: Dios y yo. Él sabe exactamente lo que está haciendo, y me ha llamado para cooperar en ello, con otros o no.

La misma fe que había motivado y alentado a sus padres ahora la mantenía Moisés al verse forzado a escapar al desierto y esperar la hora en que Dios ordene sacar a su pueblo de Egipto. Estaba acostumbrado a la vida fácil del palacio, pero ahora tenía que defenderse en el desierto. Con cada etapa probaba a Dios y su poder, porque sobrevivía y avanzaba. Su experiencia está descrita en esta corta y significativa frase:

TODO LE ES POSIBLE

Moisés... vivió como extranjero en tierra de Madián. Hechos 7:29

Solamente aquel que ha vivido "como extranjero," como desconocido, en tierra ajena, podría comprender totalmente esas palabras. Sé exactamente lo que eso significa porque he sido un extraño en muchas tierras.

Que Moisés no temiera al hombre más poderoso sobre la tierra, como hemos visto, es notable. Como sus padres antes que él, Moisés no temía al Faraón porque temía más a Dios. El temor a Dios nos libera de todos los otros temores y nos hace libres para cumplir la voluntad de Dios.

En esencia, Moisés tenía razón para estar temeroso. El Faraón estaba furioso, dado que Moisés había despreciado los años de favores especiales otorgados (a pesar de ser uno de los hebreos desdeñados) por la familia real. ¿Cómo podía ser tan desagradecido? ¿Cómo podía traicionar a su familia egipcia? No se le podía permitir vivir.

Durante los años venideros, un hombre normal hubiese estado constantemente dando un vistazo sobre su hombro, pensando que tal vez ese sería el día en que los agentes del Faraón finalmente lo apresarían. Sin embargo, Moisés era un hombre de fe, un hombre de propósito, un hombre de destino. No vivía su vida con temor, sino con esperanza.

APRENDIENDO LA FE SENCILLA DE MOISÉS

Así, Moisés vivió un período de cuarenta años en intensa preparación para lo que tenía que suceder en su vida.

La celebración

Por la fe celebró la pascua y la aspersión de la sangre, para que el que destruía a los primogénitos no los tocase a ellos.
Hebreos 11:28

Dios no había olvidado su promesa, y un día le manifestó a Moisés que regresara a Egipto y enfrentara al nuevo Faraón diciéndole: *"Deja ir a mi pueblo."* Moisés obedeció. No era de sorprender que el Faraón estuviera reacio a cooperar con Moisés. Sus esclavos eran muy valiosos para él. Habían construido muchas ciudades y eran una fuente de constantes ingresos.

Era indispensable para Moisés persistir y creer en que Dios le presentaría señales milagrosas para convencer al Faraón que no podría ganar esta lucha. Sin embargo, si somos persistentes siempre ganamos, porque Dios está a nuestro lado.

Dios envió las plagas a Egipto y a los egipcios, sin afectar de ningún modo a los esclavos de Gosén; mas con cada plaga el Faraón parecía endurecer más su corazón. Cuando Moisés hizo su

TODO LE ES POSIBLE

última visita al emperador, el hombre estuvo más determinado que nunca a oponerse a la liberación de los esclavos y le expresó a Moisés que ya no deseaba verlo de nuevo. Si tratase de presentarse una vez más, lo amenazó, ordenaría que fuese ejecutado. La respuesta de Moisés fue informativa:

Y Moisés respondió: Bien has dicho; no veré más tu rostro. Éxodo 10:29

Moisés no pareció perturbarse por las amenazas del Faraón. En vez de desanimarse por las constantes tácticas dilatorias y por la dureza del corazón del Faraón, su fe había aumentado a una nueva dimensión con cada plaga que Dios le había enviado, y ahora sabía algo que el Faraón no sabía. Él y su pueblo pronto estarían saliendo de Egipto.

Dios les había dicho a los israelitas que pidiesen prestadas muchas cosas preciadas de sus vecinos egipcios. El hecho de que los egipcios estaban dispuestos a prestar cualquier cosa a los hebreos, dejar a un lado sus posesiones más valiosas, demuestra el terror que existía en sus corazones debido a las plagas que los azotaban. Se estaban convenciendo que lo mejor que podían hacer era deshacerse de esta gente de una vez por todas.

Solamente el Faraón permaneció escéptico, pero Dios sabía cómo convencerlo. Le había sido reve-

APRENDIENDO LA FE SENCILLA DE MOISÉS

lada la última plaga a Moisés, la venida del ángel de la muerte, el cual golpearía el corazón de cada hogar egipcio, matando al primogénito de cada familia, incluyendo al primogénito del Faraón. Este golpe sería tan atroz, predijo Moisés, que *"habrá gran clamor por toda la tierra de Egipto, cual nunca hubo, ni jamás habrá."* (Éxodo 11:6).

Moisés pudo estar confiado porque sentía que pronto estaría marchándose, a pesar de las amenazas del Faraón. Cuando Dios determina una cosa, nada ni nada puede interponerse en su camino. Lo único que puede impedir que Dios cumpla sus propósitos en nuestras vidas es nuestra falta de fe.

Moisés declaró valientemente al Faraón sobre la llegada y el final de la terrible plaga, y dejó la presencia del rey para el último tiempo, sintiéndose muy emocionado porque pronto el Faraón y su gente estarían rogándole que abandone Egipto.

Al día siguiente Moisés y Aarón comunicaron a los israelitas algunas cosas asombrosas. Primero, Moisés señaló que estaban comenzando una nueva vida y, por consiguiente, adoptarían el mes en curso como el primer mes de su calendario. Tal firme convicción tenía acerca de lo que Dios estaba por hacer.

Segundo, el pueblo tenía que planificar una celebración muy inusual. Tal celebración tendría un doble propósito, Al mismo tiempo que se regocija-

TODO LE ES POSIBLE

rían por lo que Dios iba a hacer por ellos, se estarían protegiendo de la tragedia que pronto caería sobre Egipto.

Su celebración se ha denominado Pascua, porque el Ángel de la Muerte pasó sobre las casas de los israelitas, pero trajo muerte y tristeza a cada hogar egipcio.

En la celebración de Pascua, los hijos de Israel debían realizar algunas cosas muy inusuales:

- Cada hogar debía sacrificar un cordero (no una cabra).

- El cordero debía ser macho, joven y *"sin mancha."*

- Todo debían sacrificar a sus corderos *"por la tarde."*

- Debían recibir la sangre del sacrificio y ponerla a los lados y sobre los marcos de las puertas de la casa donde se juntarían para comer del cordero sacrificado.

- Debían asar su cordero (no podía ser comido crudo o hervido).

- Esa noche debían comer el cordero junto con *"pan ázimo"* y con *"hierbas amargas.*

APRENDIENDO LA FE SENCILLA DE MOISÉS

Todo esto era bastante extraño, pero también se les instruyó que debían comerse todo. Si algo quedaba hasta la mañana siguiente debía ser quemado. Debían comer totalmente vestidos, con sus calzados puestos y un bastón en su mano.

Finalmente, se les instruyó:

Y lo comeréis apresuradamente; es la Pascua de Jehová. Éxodo 12:11

Eso debió haber sido demasiado detallado para la mayor parte de la gente: un cierto tipo de animal, preparado de cierta manera a cierta hora, la sangre que se debía aplicar a los marcos de las puertas, el código sobre la vestimenta, el comer con una mano, el calzado. Estos son los tipos de limitaciones a los cuales se rebela nuestra sociedad moderna, especialmente si uno no ve una razón lógica para obedecer y no hay una ganancia personal implicada. Moisés por lo menos explicó una parte del plan a los israelitas:

Y la sangre os será por señal en las casas donde vosotros estéis; y veré la sangre, y pasaré de vosotros, y no habrá en vosotros plaga de mortandad cuando heriré la tierra de Egipto. Éxodo 12:13

TODO LE ES POSIBLE

Tal vez esta explicación limitada era suficiente para asegurar que los israelitas obedecerían los mandamientos de Dios. No se ofrecen otras explicaciones.

Mirando hacia atrás, miles de años más tarde, comprendemos que el cordero de la Pascua representaba a Cristo. Tenía que darse su vida. Su cuerpo tenía que sacrificarse. Su sangre tenía que aplicarse como el poder que mantendría a la humanidad alejada de la muerte y de todos sus efectos. Es por eso que el sacrificio de ellos tenía que ser perfecto. Es por eso que su sacrificio debía ser un cordero.

Pero, ¿pudieron Moisés y su pueblo haber comprendido estos detalles mil quinientos años antes de Cristo? Probablemente no, porque aunque los sacrificios de animales se habían establecido anteriormente, los detalles del sacrificio del tabernáculo y del templo aun estaban por definirse. Moisés le estaba pidiendo al pueblo que actuara en fe.

Existían otros actos de fe involucrados en la celebración de Pascua. Cada trabajador está ansioso que llegue el momento en que él o ella puedan descansar luego de un arduo día de trabajo y sacarse sus zapatos, pero Moisés dijo a su pueblo comer totalmente vestidos, con sus zapatos puestos y un bastón en la mano. Esa no es una forma fácil de co-

APRENDIENDO LA FE SENCILLA DE MOISÉS

mer. Al obedecer a Dios, el pueblo estaba actuando en fe de que pronto comenzarían su viaje.

Moisés incluso les habló de las generaciones venideras, de establecer la Pascua como un memorial para aquellas futuras generaciones y lo que cada pareja judía debería contar a sus hijos y nietos cuando celebrasen la Pascua cada año. Estos eran actos de fe. Mucha gente, en esta misma situación, se estaría preparando para morir, mas Moisés se estaba preparando para vivir y aun más, preparándose para partir a la mañana siguiente.

Moisés pudo no haber comprendido toda la importancia de lo que estaba haciendo y pidiéndole a los demás que lo hicieran, pero obedeció, sin comprender. El resto de los hijos de Israel pudieron no haber comprendido el porqué de lo que se les pedía hacer esa noche. Tal vez obedecieron dada la confianza que tenían en Moisés. Esa no es una mala razón para actuar. Cuando Dios nos ha dado un fuerte liderazgo, podemos cooperar con esa dirección sin dudar y algunas veces sin comprender. La fe no es comprensión; es obedecer tanto si entendemos o no.

Si todos hubiesen comprendido lo que Dios estaba manifestando, todos los egipcios hubiesen hecho exactamente lo mismo, y todos ellos se hubiesen salvado también. Naamán no había comprendido porqué se le pidió que se sumer-

TODO LE ES POSIBLE

giese siete veces en el lodoso Río Jordán. Moisés no había comprendido porqué Dios le pidió que recogiera esa serpiente en el lado posterior del desierto. Josué no comprendería porqué se le pidió que marchara alrededor de las murallas de Jericó y no decir nada. Gedeón no comprendería porqué se le pidió tocar las trompetas en vez de tomar acción militar. Eliseo no estaba seguro de porqué se le instruyó decirle a los ejércitos de Israel *"llenar este valle de zanjas."* Dios está buscando gente que confíe en Él, que confíen en lo que Él está haciendo, que confíen en que Él nos ama y que está trabajando por nuestro bien, que confíen en que obedecerlo siempre traerá un buen resultado. Eso es la fe sencilla.

Por fe, Moisés celebro la Pascua.

El viaje

Por la fe pasaron el Mar Rojo como por tierra seca; e intentando los egipcios hacer lo mismo, fueron ahogados. Hebreos 11:29

El Mar Rojo tuvo dos propósitos: Fue un medio para destruir los ejércitos del Faraón, pero también fue una prueba de fe de Moisés y del pueblo de Israel. Se encontrarían constantemente con estas pruebas a medida que marchaban hacia

APRENDIENDO LA FE SENCILLA DE MOISÉS

la tierra prometida, al igual que todos nosotros. Parece extraño pensar que el pueblo que había afrontado al faraón y que había visto la mano de Dios trabajando durante las plagas que eventualmente lo condujo a la liberación necesitaría más pruebas, pero la gente cambia, especialmente a medida que las circunstancias cambian. Algunas personas pueden servir bien a Dios en tiempos de hambruna, pero no son capaces de hacerlo cuando llega la prosperidad. Otras pueden ser auténticas hacia Dios cuando las cosas están saliendo bien, solamente para caer en depresión cuando tales cosas no parecen resultar a su modo.

El pueblo de Israel estaba enfrentando nuevos desafíos. La vida en el desierto carecía de seguridad y frecuentemente pensaba en *"hogar."* Lo poco que habían poseído en Egipto de pronto les parecía maravilloso comparado con enfrentar otro día de incertidumbre en el desierto. Algunas veces olvidaban que estaban en marcha hacia una maravillosa tierra prometida.

La gran mayoría del pueblo de Israel falló la prueba del Mar Rojo e incluso se volvió contra Moisés:

> *Y cuando Faraón se hubo acercado, los hijos de Israel alzaron sus ojos, y he aquí los egipcios que venían tras ellos; por lo que*

TODO LE ES POSIBLE

temieron en gran manera, y clamaron a Jehová. Y dijeron a Moisés: ¿No había sepulcros en Egipto, que nos has sacado para que muramos en el desierto? ¿Por qué has hecho así con nosotros, que nos has sacado de Egipto? ¿No es esto lo que te hablamos en Egipto, diciendo: Déjanos servir a los Egipcios? Porque mejor nos fuera servir a los egipcios, que morir nosotros en el desierto.
Éxodo 14:10-12

Al comienzo, Moisés parecía estar firme en su propia fe, pero el constante murmullo y quejas del pueblo eventualmente lo afectó. Cuando sucedió, Dios tuvo que hablarle severamente, diciéndole que siguiera adelante. Aparentemente, incluso Moisés tenía pensamientos de regresar. Dios le prometió que sería vengado de los egipcios:

Y yo me glorificaré en Faraón, y en todo su ejército, y en sus carros, y en su caballería; y sabrán los Egipcios que yo soy Jehová.
Éxodo 14:17-18

Luego, Dios dio una señal que reforzó la fe de Moisés. Una *"columna de nube"* de pronto se desplazó entre el campo de los israelitas y los perseguidores egipcios. A los egipcios les trajo una

APRENDIENDO LA FE SENCILLA DE MOISÉS

oscuridad repentina, mientras que a los israelitas les proporcionó luz durante toda la noche. Moisés estaba tan animado por esta señal de Dios que estaba dispuesto a realizar la extraña acción que el Señor le había dicho. Extendió Moisés su vara sobre el mar y la mantuvo así. Mientras lo hacía, Dios envió un viento misterioso que comenzó a retirar las aguas del mar Rojo formando un muro a cada lado. A la mañana siguiente los hijos de Israel se despertaron y hallaron una senda de tierra seca a través del mar y cruzaron *"la mar en seco."*

Los israelitas demostraron que cruzar el mar era tan fácil que los egipcios intentaron hacer lo mismo, pero cuando lo intentaron, todos se ahogaron. Los muros de agua formados para abrir el mar cayeron sobre ellos mientras cruzaban. Los israelitas observaron cómo en pocos momentos los carros, caballos y soldados del ejército del Faraón eran totalmente destruidos. Ni siquiera uno solo escapó. Podemos imaginar que la fe de los hijos de Israel estaba ciertamente alta ese día. Las escrituras lo registran:

> *Así salvó Jehová aquel día a Israel de mano de los Egipcios; e Israel vio a los Egipcios muertos a la orilla de la mar. Y vio Israel aquel grande hecho que Jehová ejecutó con-*

TODO LE ES POSIBLE

tra los egipcios: y el pueblo temió a Jehová, y creyeron a Jehová y a Moisés su siervo.
Éxodo 14:30-31

Ellos *"creyeron"* al Señor.

Sin embargo, esas pruebas de Moisés y los hijos de Israel eran sólo el principio. En los años venideros enfrentarían necesidades físicas, peligros de enemigos que pasaban a lo largo del camino, disensión en las filas y cambio tras cambio en sus circunstancias físicas. La mayoría hubiera pensado que después de la experiencia del Mar Rojo esta gente nunca dudaría nuevamente, pero no resultaría así. En circunstancia tras circunstancia, Moisés se vio obligado a asegurar al pueblo que el desastre no era inminente, que Dios aun estaba con ellos y no tenían que echar pie atrás sino continuar desplazándose hacia la meta, la tierra prometida.

Resultaba difícil para muchos de ellos dejar su mentalidad de esclavos. Seguían pensando en aquellas simples fogatas fuera de sus chozas en Gosén donde asaban puerros y ajos y cualquier otro escaso alimento que se les permitía, y aquellos pensamientos realmente les provocaba desear retornar. Este deseo de retornar se tornó tan poderoso que la generación que abandonó Egipto finalmente no se les permitió entrar a la tierra prometida. Después de deambular durante cua-

APRENDIENDO LA FE SENCILLA DE MOISÉS

renta años en el desierto, murieron sin que Dios les diera lo que Él les había prometido.

Si hemos de vivir exitosamente para Dios, debemos comprender las pruebas de nuestra fe. Dios no pretende con ninguna prueba hacernos daño, hacernos caer, quitarnos la alegría o hacernos retroceder. Él declara:

> *Y sabemos que a los que aman a Dios, todas las cosas les ayudan a bien, esto es, a los que conforme a su propósito son llamados.*
> Romanos 8:28

¡TODAS LAS COSAS! ¡TODAS LAS EXPERIENCIAS PENOSAS! ¡TODAS LAS PRUEBAS! ¡TODAS LAS TENTACIONES! ¡TODAS LAS DIFICULTADES! ¡TODA PERSECUCIÓN! ¡TODO! Reaccionar negativamente en tiempos de prueba revela una falta de fe de nuestra parte. Los exámenes son necesarios y deben ser acogidos. Una prueba debería inspirar alegría en nosotros, mientras esperamos la victoria que Dios seguramente nos traerá a través de ella. Mientras tanto, extenderemos nuestra vara sobre el agua, cavaremos zanjas en todo valle, marcharemos alrededor de los muros siete veces o haremos cualquier otra cosa inusual que Dios nos ordene, porque confiamos en su sabiduría.

Nunca debemos pensar en dar pie atrás. Nuestro

TODO LE ES POSIBLE

grito debe ser: "¡Adelante!, ¡Al frente de la batalla! ¡Adelante hacia la tierra prometida! Egipto no nos guarda nada." Aprendamos de este hombre, Moisés, para que no perdamos nuestra propia tierra prometida.

¡Enséñanos la fe sencilla, Señor!

Capítulo 12

Aprendiendo la fe sencilla de Josué

Por la fe cayeron los muros de Jericó después de rodearlos siete días. Hebreos 11:30

Según los arqueólogos, Jericó es una de las más antiguas ciudades en el mundo. En los días de Josué era una ciudad fortificada, construida para proteger las fronteras de Canaán. La ciudad tenía gruesos muros de piedra, fuertes torres de vigía y portones; y estaba constantemente custodiada por soldados bien armados.

Los hijos de Israel habían adquirido cierta experiencia militar al otro lado del Jordán y po-

TODO LE ES POSIBLE

seían algunas armas que habían capturado de sus enemigos, pero ciertamente no eran rivales para Jericó. Con todo, Dios le habló a Josué y dijo:

Mira, yo he entregado en tu mano a Jericó y a su rey, con sus varones de guerra.

Josué 6:2

La forma verbal *"he entregado"* es lo que se conoce en gramática como pretérito perfecto. Cuando Dios le habló a Josué acerca de tomar la ciudad de Jericó, no se refirió a lo que podría ser en el futuro, sino lo que Él *ya ha hecho*. La fe trae las cosas desde el ámbito de la mera posibilidad al ámbito de la realidad presente. Lo que Dios promete es tan cierto que podemos decir que ya está hecho. Él no puede fallar, y no fallará. La fe, por consiguiente, nos permite expresar en tiempo pasado las cosas que aun están por venir, como si ya hubiesen sucedido. Podemos decir que están hechas porque sabemos que Dios las hará. Él lo dijo así, y eso es suficiente.

Pocos argumentarían que Dios tiene el derecho de contar algo hecho antes de ser visto con el ojo natural si Él desea hacer eso, pero, ¿es correcto para los hombres mortales hacer lo mismo? Para muchos, esto es "extender las cosas," es "caso dudoso," es "ir demasiado lejos." El libro de Hebreos,

APRENDIENDO LA FE SENCILLA DE JOSUÉ

sin embargo, alaba la fe de Josué al tomar Jericó y no solamente acepta la palabra de fe de Dios (hablada en pretérito perfecto), sino que él mismo la repitió:

> *Y como los sacerdotes tocaron las bocinas la séptima vez, Josué dijo al pueblo: Gritad, porque Jehová os ha entregado la ciudad.*
>
> Josué 6:16

Dios dijo: *"he entregado en tu mano a Jericó,"* y Josué dijo: *"Jehová os ha entregado la ciudad."* ¿Qué malo hay en ello? ¿Por qué no podemos decir lo que Dios dice? Si Él lo dice, podemos decir lo mismo. En vez de decir lo que nosotros pensamos, lo que imaginamos y qué sentimos, comencemos a decir lo que Dios dice.

Lo que yo diga puede o no puede ser válido, lo que imagino a menudo es erróneo y lo que siento puede estar influenciado por algo que haya experimentado. Pero cuando Dios habla, nada puede cambiar su voluntad o su palabra, y puedo contar con ese hecho.

Cuando Josué habló estas palabras de fe, nada había cambiado. Los robustos muros y puertas permanecían como antes. Los guardias estaban en sus lugares, vigilantes y mirando temerosos. La ciudad estaba en completo silencio y lista para un prolon-

TODO LE ES POSIBLE

gado sitio. Pero cuando Dios ha hablado, nada más importa. Cualquiera las circunstancias, podemos estar seguros que Él trabajará para nosotros y podemos decir con certeza: "Dios nos ha entregado la ciudad." Incluso podemos comenzar a agradecer a Dios por la victoria mucho antes que la podamos ver. En efecto, la fe lo requiere.

La victoria total, sin embargo, depende de la completa obediencia: *"Los muros de Jericó cayeron, después que fueron rodeados por siete días."* No sucedió antes que Josué hiciera todo lo que Dios le había ordenado, y no sucedió mientras estaba haciendo lo que Dios le había dicho que realizara. Solamente sucedió cuando hubo realizado todo lo que Dios le había ordenado hacer.

Lo que Dios hace por nosotros se realiza usualmente de forma cooperativa. Su trabajo es un esfuerzo cooperativo y Él nos permite participar en el milagro. Él hace el milagro, pero debemos hacer algo para llevarlo a efecto.

Algunos tienen la idea de que la fe es solamente chasquear nuestros dedos y decirle a Dios qué hacer por nosotros, pero Él no es nuestro esclavo para ser ordenado a nuestro capricho. Primero, la fe es hallar lo que Dios desea (no lo que yo deseo) en una situación dada, luego obedecerlo en cada detalle de cómo Él me dice ocuparme del trabajo preliminar para el milagro. Si creo en Él y

APRENDIENDO LA FE SENCILLA DE JOSUÉ

le obedezco, nunca fallará en hacer lo que Él ha prometido.

No sucede antes de obedecerle, no sucede cuando comienzo a obedecerle, solamente sucede cuando lo haya obedecido totalmente. Por lo tanto, no me puedo descorazonar en medio del proceso. Debo obedecer a Dios totalmente para recibir todo el milagro. En Jericó, absolutamente nada sucedió hasta que los hijos de Israel hubieron obedecido completamente.

Josué comunicó al pueblo lo que Dios le había ordenado hacer. Debían marchar alrededor de los muros de la ciudad una vez cada día durante seis días. La parte más importante de la procesión estaría formada por siete sacerdotes portando trompetas. Harían sonar estas trompetas a medida que marcharan, mientras que tras ellos vendría el Arca del Pacto. Un contingente de guardias iría delante de los sacerdotes y del Arca y otro iría detrás. El resto del pueblo los seguiría.

Aparte del sonido de las siete trompetas no debía haber otro sonido durante los primeros seis días:

Y Josué mandó al pueblo, diciendo: Vosotros no gritaréis, ni se oirá vuestra voz, ni saldrá palabra de vuestra boca, hasta el día que yo os diga: Gritad; entonces gritaréis.

Josué 6:10

TODO LE ES POSIBLE

Al séptimo día debían marchar alrededor de los muros siete veces. Después de la séptima vez sonarían las trompetas y todo el pueblo al unísono daría un gran grito. Si se realizaba todo esto, Dios había prometido que todos los muros caerían a plomo delante de ellos, y podrían entrar y tomar la ciudad sin batalla.

La marcha comenzó con gran anticipación y todo sucedió según el programa:

> *Así que hizo que el arca de Jehová diera una vuelta alrededor de la ciudad, y volvieron al campamento, y allí pasaron la noche.*
>
> Josué 6:11

Puedo imaginar que había unos pocos que estaban desilusionados después del primer día de haber completada la marcha sin resultados visibles. Debieron haberse preguntado si realmente estaban haciendo lo correcto. Siempre hay unos pocos que se cansan pronto y fácilmente y piensan que conocen una manera mejor de hacer las cosas. De hecho, la mayoría de los cristianos están orientados hacia los resultados y desean ver que algo suceda AHORA. Sin embargo, les guste o no, Dios hace las cosas a su tiempo y a su modo. Él no se apresura por nuestra impaciencia, y Él no cambiará su plan para que se acomode a nuestra falta

APRENDIENDO LA FE SENCILLA DE JOSUÉ

de entendimiento. Las cosas se hacen a su manera o no se hacen en absoluto.

Puedo imaginar a unos pocos hombres del pueblo de Josué acercándose a él esa noche y quejándose que el enemigo se mofaba de ellos y preguntándole qué podían hacer diferente la próxima vez para evitar este reproche. Sin embargo, Josué no se conmovió por estos reclamos, y al día siguiente todos se embarcaron en otra ronda de marcha silenciosa.

Cuando habían pasado dos días y no se vislumbraba ningún cambio, ninguna fisura en los muros de Jericó, ninguna disminución de valentía en los guardias estacionados allí, la experiencia me dice que hubo más quejas de parte de la congregación. ¿Por qué nada estaba sucediendo? ¿No podía haber una mejor manera de hacer esto? Tal vez se acercaban en pequeños grupos a la tienda de Josué para llevarle sus sugerencias acerca de lo que se estaba haciendo mal. ¿Estaba seguro sobre todos los detalles? Quizás el Arca debía ir primero, luego las trompetas, después la guardia. Esta segunda conjetura debió haber aumentado diariamente al terminar su marcha y no vislumbrar resultado alguno.

Después de varios días, algunos debieron haber comenzado a denominar todo esto "ridículo" y sugerir alguna posible solución militar. Si nada es-

TODO LE ES POSIBLE

taba sucediendo, y eso es lo que parecía aparente a todos, ¿no deberían intentar otra táctica? Podían estar marchando así durante el resto de sus vidas, o por los siguientes cuarenta años. Podían morir marchando alrededor de Jericó al igual que sus padres que murieron al otro lado del Jordán.

Por la cuarta o quinta vez de marchar alrededor, estoy seguro que algunos estaban listos a desistir. Habrían concluido que Josué no era un buen líder. ¿Cómo podían esperar que él pudiese llevar a cabo la enorme hazaña de Moisés, después de todo? Todos sabían que ¡eso era imposible! Sus ideas no parecían prácticas porque no estaban produciendo nada sustancial. Esta corriente de inquietud debió aumentar diariamente. Cómo Josué la controló no lo sabemos, pero seguramente él solo repetía cada tarde lo que Dios le había dicho. ¿Qué más podía decir? Puedo imaginar su exhortación:

> Dios dijo que si marchábamos alrededor de la ciudad una vez cada día durante los primeros seis días y siete veces en el séptimo día. Él haría el trabajo. Debemos confiar en Él. Él no nos defraudará. Obedezcámoslo totalmente y démosle la oportunidad de probarse a sí mismo frente a nosotros.
>
> Algunos de ustedes tienen excelentes

APRENDIENDO LA FE SENCILLA DE JOSUÉ

sugerencias sobre el orden de la marcha, pero Dios nos dijo dónde poner el Arca en el orden de la procesión. Y algunos de ustedes están molestos por el silencio, pero Dios nos dijo que mantuviésemos nuestra paz hasta el fin del séptimo día. Seamos fieles a Él, y veamos lo que Él hará por nosotros.

Dado que el pueblo no había hablado directamente con el Señor, solamente tenían que confiar en Josué como el hombre de Dios. Es a menudo nuestra falta de confianza en el liderazgo que Dios nos ha puesto la que nos hace perder la batalla. Si nuestros líderes demuestran ser indignos de confianza, eso es una cosa, pero si somos excesivamente impacientes y demasiado rebeldes para cooperar con ellos, es otra. Dios está buscando gente en quienes Él pueda confiar para actuar como un gran ejército, que realicen las hazañas para Él como un solo hombre. Frecuentemente, los Josués entre nosotros deben tomar por si mismos Jericós de la vida porque nadie más los escuchará lo suficiente para ayudarlos a realizar el trabajo.

El desafío para un líder espiritual es ganar la confianza de su pueblo y comunicar de forma clara y simple lo que Dios le ha señalado. Si no podemos comunicar la visión y animar a los otros a

TODO LE ES POSIBLE

cooperar en la ejecución de la visión, estamos condenados a quedar solos en los campos de batalla.

En Jericó, nada sucedió hasta el séptimo día y la séptima vez alrededor de la ciudad. Nada sucedió hasta que Josué y los hijos de Israel obedecieron totalmente. Es en este punto crítico que a menudo Satanás nos ataca más ferozmente e intenta desesperadamente darnos la vuelta y alejarnos de la victoria final. ¿Cuántas veces nos hemos estado acercando al punto de victoria, solamente para desistir y perder lo que Dios nos ha prometido? Sólo con la obediencia total, *"el muro cayó a plomo"*, exactamente como Dios había prometido.

¿Por qué a veces dudamos? ¿Nos ha fallado Dios alguna vez? Él le dio un hijo a Abraham y Sara, exactamente como lo había prometido. Hizo que José reinara sobre sus hermanos, exactamente como lo había prometido. Hizo caer un diluvio del cielo al pueblo de la generación de Noé, exactamente como lo había prometido. Dios nunca falla. Él es totalmente confiable. Es merecedor de nuestra fe. Cree en Él y obedécelo, porque la obediencia total, por la fe, siempre conduce a la victoria total. Aprende del ejemplo de Josué.

¡Enséñanos la fe sencilla, Señor!

Capítulo 13

Aprendiendo la fe sencilla de Rahab

Por la fe Rahab la ramera no pereció juntamente con los desobedientes, habiendo recibido a los espías en paz.
Hebreos 11:31

Rahab era una *"ramera."* Si Dios estuviese buscando solamente gente buena, nuca habría hallado ni siquiera una sola persona. Aunque la Biblia usa el término "perfecto" en relación a varios caracteres bíblicos, otras cosas que leemos acerca de esos mismos caracteres nos indican que no eran tan perfectos, en nuestro modo de medir la perfec-

TODO LE ES POSIBLE

ción. Incluso los aspectos negativos de sus vidas no fueron ocultados a nosotros. Están ahí para que todos veamos.

Algunos de aquellos que pecaron lo hicieron así antes de conocer a Dios, y tal es el caso de Rahab. Otros, sin embargo, pecaron más tarde en sus vidas. Entre ellos estaban Abraham, David y Pedro. Si Dios hubiese ocultado de nuestros ojos las imperfecciones de sus santos, podríamos perder las esperanzas y pensar que como estamos lejos de ser perfectos, estas mismas bendiciones nunca podrían llegarnos. Claramente, Dios no está buscando gente perfecta; al contrario, está buscando a gente imperfecta a la cual perfeccionar.

La revelación de que Rahab era una prostituta, solamente nos recuerda la gran compasión de nuestro Dios y su poder para cambiar las vidas. El pecado no es un problema para Dios. Él sabe como tratar el pecado, y lo hace con gran facilidad y compasión. Todo lo que Él demanda a cambio es que reconozcamos nuestro llamado a una nueva vida y hagamos todo el esfuerzo para andar en esa dirección.

Rahab también era una mujer pagana. No conocía a Dios. Cuando se encontró con los espías que Josué había enviado a Jericó, se impresionó de ellos y de su fe. Durante el corto tiempo que estuvieron en Jericó, Rahab no pudo haber apren-

APRENDIENDO LA FE SENCILLA DE RAHAB

dido todo lo que era de conocer acerca de Dios, pero le gustó lo que vio y deseaba actuar en ello, arriesgando su propia vida para salvar a aquellos hombres devotos. En su lección sobre fe sin obras, Santiago nos enseña que Rahab fue *"justificada por obras, cuando recibió a los mensajeros"* (Santiago 2:25). Algo inspiró a esta mujer a la acción y lo que hizo fue algo que mucha gente "buena" habría vacilado en hacer. De todo el pueblo de Jericó, solamente Rahab recibió gustosamente a los espías. Cuando el rey de Jericó supo que los espías estaban en su casa, envió por ellos. Rahab, debido a su temor de Dios, los protegió, ocultándolos y ayudándolos a escapar.

¿Por qué habría de hacer eso? ¿Por qué habría de arriesgar su vida para salvar a unos hombres que recién había conocido y sabía tan poco acerca de ellos? Las historias de fe que había estado escuchando estaban cautivando su corazón.

Cuando las cosas se hubieron calmado en la ciudad y los soldados hubieron cesado de buscar a los dos espías (quienes aun estaban escondidos sobre el tejado de la casa de Rahab y tapados con tascos de lino), Rahab subió hacia ellos y dijo algunas cosas asombrosas:

Sé que Jehová os ha dado esta tierra; porque el temor de vosotros ha caído sobre nosotros,

TODO LE ES POSIBLE

y todos los moradores del país y han desmayado por causa de vosotros. Porque hemos oído que Jehová hizo secar las aguas del Mar Rojo delante de vosotros, cuando salisteis de Egipto, y lo que habéis hecho a los dos reyes de los amorreos que estaban al otro lado del Jordán, a Sehón y a Og, a los cuales habéis destruido. Oyendo esto, ha desmayado nuestro corazón; ni ha quedado más aliento en hombre alguno por causa de vosotros, porque Jehová vuestro Dios es Dios arriba en los cielos y abajo en la tierra.

Josué 2:9-11

De algún modo esta mujer había recibido la misma fe que obtuvo Josué. Estaba hablando de la conquista de Jericó en tiempo pretérito perfecto: *"Sé que Jehová os ha dado esta tierra."*

Todo el pueblo de Jericó había oído las mismas historias que Rahab había escuchado, las plagas de Egipto y el consiguiente escape de la esclavitud, el cruce del Mar Rojo y la conquista de los reyes en el otro lado del Jordán, sin embargo, entre todos lo que habían oído, solamente esta mujer creía.

Quizás no fue convertida por los espías; tal vez había sido convertida ya desde hacía algún tiempo. Cuando hubo oído las historias sobre el poder de Dios, quizá su corazón se vio afectado

APRENDIENDO LA FE SENCILLA DE RAHAB

extrañamente, y se dio cuenta que eso era Él a quien estaba buscando durante toda su vida. Probablemente, su recepción de los espías no fue una decisión tomada en ese momento. Pudo haber estado orando largamente sobre cómo podría ayudar a este pueblo.

Sus vecinos, habiendo oído estos mismos relatos, los habían rechazado, pero Rahab realmente creía que este Dios poderoso de Quién había oído haría exactamente lo que Él había prometido, y ella deseaba ser parte de ello. Había muchos dioses en Canaán, pero ella había decidido desde hacía mucho tiempo: *"Jehová vuestro Dios es Dios arriba en los cielos y abajo en la tierra."*

Rahab estaba tan segura de lo que Dios iba a hacer que les rogó a los espías que la recordara cuando regresaran a tomar la ciudad. No había dudas en su mente de que harían exactamente eso. Había llegado gustosamente a desobedecer a su propio rey, porque había comprendido que había una autoridad superior, el Rey de los Cielos, y había decidido entregar su destino a Él.

A Rahab se le dio una señal, la cual usaría al recibir a los vencedores de la futura batalla. Debía atar un cordón escarlata a su ventana. Sin duda, sus vecinos pensaban que señalaba su regreso al negocio, pero les estaba declarando a los israelitas que

TODO LE ES POSIBLE

era una de ellos. Solamente aquellos que se encontrasen en la casa con el cordón escarlata serían perdonados. Si quería que sus padres, hermanos y hermanas se salvasen, tendría que ingresarlos a la casa y mantenerlos allí. Cualquiera que deambulara en las calles lo haría por su propia cuenta, pero cualquiera que permaneciese tras el cordón escarlata sería salvo. Rahab obedeció cuidadosamente a los espías hebreos.

Debió haber sido muy alentador para Josué saber que una mujer de Jericó hubiese confirmado todo lo que Dios le había dicho, y que una familia estaba esperando, tras puertas cerradas, unirse a su gente una vez acabada la batalla. La fe de Rahab también animó a los espías y salvó sus vidas. No solamente los ocultó en su casa y los descolgó por el muro de la ciudad cuando hubo seguridad, sino que les informó dónde ocultarse durante los siguientes días mientras el furor sobre su presencia se calmara.

Al salvar a los espías, Rahab se salvó a sí misma, porque Josué impartió órdenes estrictas a toda su gente de no causarle ningún daño:

> *Y será la ciudad anatema a Jehová, con todas las cosas que están en ella; solamente Rahab la ramera vivirá, con todos los que*

APRENDIENDO LA FE SENCILLA DE RAHAB

*estén en casa con ella, por cuanto escondió
a los mensajeros que enviamos.*

Josué 6:17

Cuando aquel gran grito se alzó en la víspera del séptimo día, los muros cayeron a plomo, y los israelitas irrumpieron en la ciudad para saquearla y quemarla. Josué envió a dos hombres en una misión especial. Dejaron atrás la batalla en las calles buscando una casa con un cordón escarlata atado a la ventana. Cuando la hallaron, sacaron a salvo a todos sus ocupantes, Rahab, sus padres, sus hermanos y hermanas, y los escoltaron hasta un lugar seguro fuera de la ciudad.

El titulo de ramera que tenía Rahab podría haberle costado muchos años en borrarlo, sin embargo, nunca regresó a su profesión. Ella se volvió seguidora de Jehová, se casó con un sirviente del Señor, y llegó a ser un antepasado del Señor Jesucristo (ver Mateo 1:5-6). Nosotros tenemos mucho que aprender de esta mujer de fe.

¡Enséñanos la fe sencilla, Señor!

La Parte 3ª

Los grandes héroes de la postdata

¿Y qué más digo? Porque el tiempo me faltaría contando de Gedeón, de Barac, de Sansón, de Jefté, de David, así como de Samuel y de los profetas; que por fe conquistaron reinos, hicieron justicia, alcanzaron promesas, taparon bocas de leones, apagaron fuegos impetuosos, evitaron filo de espada, sacaron fuerzas de debilidad, se hicieron fuertes en batallas, pusieron en fuga ejércitos extranjeros. Las mujeres recibieron sus muertos mediante resurrección; mas otros fueron atormentados, no aceptando el rescate, a fin de obtener mejor resurrección. Otros experimentaron vituperios y azotes, y a más de esto prisiones y cárceles. Fueron apedreados, aserrados, puestos a prueba, muertos a filo de espada: anduvieron de acá para allá cubiertos de pieles de ovejas y de cabras, pobres, angustiados, maltratados; de los cuales el mundo no era digno; errando por los desiertos, por los montes, por las cuevas y por las cavernas de la tierra.

Hebreos 11:32-38

¡Qué larga y grandiosa postdata!

Capítulo 14

La gran postdata

¿Y qué más digo? Porque el tiempo me faltaría...   Hebreos 11:32

Como cualquier carta, había un límite para lo que se tenía que decir en ésta, y el escritor, luego de aplaudir la fe de Abel, Enoc, Noé, Abraham, Isaac, Sara, Jacob, José, Moisés, Josué y Rahab—una tarea asombrosa en tal reducido espacio—le faltó espacio y tiempo. No podía, sin embargo, terminar esta carta sin mencionar a otros de los grandes hombres y mujeres de fe; Gedeón, Barac, Sansón, Jefté, David, Samuel y *"los profetas."* Aunque no todos los hombres y mujeres de fe podían nombrarse en una lista tan corta, podemos aprender la fe sencilla de aquellos incluidos por el autor. Echemos una mirada breve a éstos antes de explorar el punto más importante de este libro: Cómo ejercitar la fe para sí mismo.

Aprendiendo la fe sencilla se Gedeón

¿Y qué más digo? Porque el tiempo me faltaría contando de Gedeón ... Hebreos 11:32

De muchas formas, la experiencia de Gedeón fue similar a la de Josué en Jericó. Dios lo escogió para liderar los ejércitos de Israel en batalla contra sus enemigos. Dios le dio instrucciones específicas e inusuales que emprender, y su victoria dependía de la obediencia a aquellas instrucciones detalladas. La primera batalla que Gedeón debía emprender, sin embargo, no era contra los madianitas, sino contra sus propias dudas.

¿Por qué Dios lo llamaba, razonaría, si era de una familia pobre y él era el miembro menos importante de esa familia? Algo de eso podía haber sido modestia, pero Gedeón realmente tenía un problema de pánico, el cual tenía que ser vencido si quería sobresalir ante Dios.

Dios era paciente con Gedeón. Primero, el Señor

LA GRAN POSTDATA

envió un ángel para que visitara al joven y lo llamara para su trabajo. Luego, respondió al *"vellón"* que colocó Gedeón, y Dios lo hizo sin cuestionamiento o comentario. Entonces, cuando Gedeón hubo llamado al pueblo a la batalla y aun colocaba "vellones," Dios le respondía cada vez, sin cuestionamiento.

Cuando Gedeón pareció convencido de que Dios le iba a dar a su ejército la victoria, se le instruyó dirigirse a un lugar conocido como Harod. *Harod* significa "tembloroso." Aparentemente, Gedeón no era el único que tenía miedo. Muchos de sus soldados también estaban aterrados, y Dios le indicó cómo sacar a los más temerosos de entre ellos:

> *Ahora, pues, haz pregonar en oídos del pueblo, diciendo: Quien tema y se estremezca, madrugue y devuélvase desde el monte de Galaad. Y se devolvieron de los del pueblo veintidós mil, y quedaron diez mil.*
>
> Jueces 7:3

No hay lugar en el ejército de Dios para el temeroso. Los temerosos se ponen en contra de los fieles. La fe y la duda no se mezclarán mejor que el aceite y el agua. Los temerosos son cobardes y *"los cobardes"* están relegados a un terrible final:

Pero los cobardes e incrédulos, los abo-

TODO LE ES POSIBLE

minables y homicidas, los fornicarios y hechiceros, los idólatras y todos los mentirosos tendrán su parte en el lago que arde con fuego y azufre, que es la muerte segunda.
Apocalipsis 21:8

Dios está buscando a hombres de fe, y *"los cobardes"* serán eliminados. En un solo golpe, Gedeón perdió dos tercios de sus tropas. El Señor le aseguró, sin embargo, que podía hacer más con diez mil hombres que creían en la promesa de Dios que con el ejército más numeroso de treinta y dos mil.

Cuando Dios le mostró a Gedeón una segunda prueba de sus soldados (una prueba algunos la han interpretado como un examen de disposición, vigilancia o voluntad), perdió otro gran número de su ejército. Mas, Gedeón no se descorazonó aunque Dios le dijo, *"Aun es mucho el pueblo"* (Jueces 7:4).

¿Cómo podía haber muchos contra un enemigo tan grande? Había muchos porque Dios rehúsa compartir su gloria con otro. Él nunca desea que digamos que hemos ganado debido a un número mayor, habilidad o sabiduría humana. Lo que hacemos debe hacerse en el Espíritu y para la gloria de Dios.

Cuando el polvo se hubo asentado, solamente trescientos hombres fieles quedaron en el ejército de Gedeón. Sin embargo, el hombre de Dios estuvo

LA GRAN POSTDATA

seguro de su victoria. Dios le había hablado como lo había hecho con Josué en tiempo pretérito:

> *Aconteció que aquella noche Jehová le dijo: Levántate, y desciende al campo; porque yo lo he entregado en tus manos.* Jueces 7:9

Dios sabía que aun había un elemento de temor en Gedeón y le instruyó acompañar a un sirviente hasta las líneas enemigas. Allí, oyeron por casualidad a un madianita hablando acerca de un extraño sueño, un sueño que el enemigo interpretó como una señal de que Dios daría la victoria a Gedeón sobre ellos al siguiente día. Cuando Gedeón escuchó ese sueño y su interpretación de los labios de un pagano, se fortaleció, tal como Dios le había prometido, y se adelantó para repetir la promesa de Dios a sus hombres:

> *Cuando Gedeón oyó el relato del sueño y su interpretación, adoró; y vuelto al campamento de Israel, dijo: Levantaos, porque Jehová ha entregado el campamento de Madián en vuestras manos.* Jueces 7:15

Dios comprende la naturaleza humana y está presto y deseoso a trabajar con nosotros para que podamos vencer nuestros miedos y fortalecernos

TODO LE ES POSIBLE

en nuestra fe. Al tomar el liderazgo en la batalla contra los madianitas y vencerlos, Gedeón se estableció entre el pueblo y llegó a ser uno de los primeros jueces de la nación. A través de la fe se había hecho ese *"varón esforzado y valiente"* que el ángel había previsto que sería (Jueces 6:12).

¡Enséñanos la fe sencilla, Señor!

Aprendiendo la fe sencilla de Barac

> *¿Y qué más digo? Porque el tiempo me faltaría contando...de Barac.* Hebreos 11:32

La aparición de Barac en la lista de los héroes es sorprendente solamente en el sentido que hay muy poco de él registrado en la Biblia. Era un líder militar bajo la judicatura de Débora. Aparentemente tenía poca habilidad de liderazgo personal, dado que al llegar el momento de lanzarse a la batalla deseaba ir solamente si Débora lideraba el camino:

> *Barac le respondió: Si tú fueres conmigo, yo iré: pero si no fueres conmigo, no iré.*
> Jueces 4:8

Este es un concepto muy interesante y prueba que muchas veces la grandeza yace en la habilidad

LA GRAN POSTDATA

de reconocer el liderazgo en otros, reconocer una bendición especial en una persona y la disposición para identificar y cooperar con ella. Cada uno de nosotros debe aprender este secreto y desarrollar el hábito de asociación con gente de fe y poder. Vemos muchos ejemplos en la Biblia.

Porque David llegó a ser grande, su sirviente Joab también llegó a ser grande, mas Joab fue aclamado solamente porque se identificó con un hombre de destino (ver 2 Samuel 2:13). Antes que David llegara a ser rey, se presentó gustosamente ante el liderazgo de Saúl (ver 1 Samuel 16:19-21) y rehusó poner una mano sobre Saúl, aun cuando el rey fue especialmente cruel con él. Eliseo alcanzó la grandeza asociándose con Elías y aceptándolo como su *"señor"* (ver 2 Reyes 2:3). Josué pudo liderar a los hijos de Israel a la tierra prometida dada su larga asociación con Moisés (ver Éxodo 24:13, 33:11 y Josué 1:1).

En el caso de Barac y Débora, hay un segundo elemento de importancia hallado en su decisión: el hecho de que él deseaba someterse al liderazgo de una mujer. Ciertamente, él insistió en ello. Si la mujer era ungida de Dios, entonces él estaba listo para someterse a su autoridad y darle su lugar de celebridad. Esta es una cualidad inusual en los hombres y digna de admiración, porque Dios *"no hace acepción de personas"* (Hechos 10:34).

TODO LE ES POSIBLE

Muchas de las enseñanzas presentadas por el liderazgo masculino en la Iglesia sobre mantener todo en manos de los hombres, generalmente son inapropiadas e inútiles. Si Dios no hace acepción de personas, es tiempo de reconocer que *"no hay varón ni mujer...en Cristo Jesús."* (Gálatas 3:28).

Después que Barac y Débora condujeran su ejército a la batalla y lograran la estrepitosa retirada del ejército enemigo, se cantó una canción especial, una canción que ha llegado a conocerse como el *"cántico de Débora y Barac"* (Jueces 5:1). La canción tiene este comienzo:

> *Aquel día cantó Débora con Barac hijo de Abinoam, diciendo:*
> *Por haberse puesto al frente los caudillos en Israel,*
> *Por haberse ofrecido voluntariamente el pueblo,*
> *Load a Jehová.* Jueces 5:1-2

La victoria de ese día era para ambos, Débora (la primera mencionada) y Barac, el hombre que reconoció el liderazgo de ella hacia su pueblo.

Algunos han llamado a esta canción simplemente: *"La Canción de Débora,"* Asimismo, eso es técnicamente correcto, porque sin ella no hubiese habido victoria. Sin embargo, al reconocer la mano

LA GRAN POSTDATA

de Dios sobre Débora y deseando someterse a su liderazgo, Barac también aseguró su lugar en la canción de victoria.

Hay muchos individuos que no son líderes excepcionales, pero cuando se juntan como sirvientes elegidos y ungidos de Dios, se vuelven muy efectivos y eventualmente se benefician mutuamente.

Es digno mencionar que el capítulo que registra la historia de Barac termina con esta anotación:

Y la tierra reposó cuarenta años.
Jueces 5:31

Cuando tenemos hombres de fe sencilla como la de Barac sobre nosotros, podemos vivir en reposo y en paz.

¡Enséñanos la fe sencilla, Señor!

Aprendiendo la fe sencilla de Sansón

¿Y qué más digo? Porque el tiempo me faltaría contando de...Sansón Hebreos 11:32

Sansón era un hombre de contradicciones. Había sido separado como un nazareo desde su nacimiento (ver Jueces 13:5 y 16:17), sin embargo, regularmente mantenía mala compañía (14:1-3).

TODO LE ES POSIBLE

Por momentos era muy espiritual (13:25, 15:14), mientras que en otros estuvo claramente dominado por deseos carnales (16:1-4). En batalla era un hombre de coraje (15:11-14), pero mostraba inmadurez en las tácticas que usaba (15:11-14). Físicamente era fuerte (16:3, 9, 12 y 14), mas era moralmente débil (16:15-17). Finalmente, las debilidades morales de Sansón provocaron su caída, y el quedó ciego, obligado y forzado a trabajar como un animal de granja para sus captores.

Afortunadamente, la historia de Sansón tiene un final feliz. La miseria de la esclavitud no pudo haber sido agradable, pero condujo a Sansón a reconocer su fracaso e implorar a Dios. Con el tiempo, su fuerza se recuperó y fue vengado de sus enemigos en la muerte.

Sansón, un hombre de fe sencilla, fue juez de Israel durante veinte años.

¡Enséñanos la fe sencilla, Señor!

Aprendiendo la fe sencilla de Jefté

> *¿Y qué más digo? Porque el tiempo me faltará contando de...Jefté.* Hebreos 11:32

Jefté no era un probable candidato a liderazgo. Su madre era una prostituta (ver Jueces 11:1). Por un tiempo vivió en la casa de su padre, pero

LA GRAN POSTDATA

sus hermanos lo rechazaron y eventualmente lo expulsaron (versículo 2). Sus vecinos estaban de acuerdo que eso era lo correcto de hacer (versículo 7). Jefté pronto se halló entre mala compañía, la cual llama la Biblia *"hombres ociosos"* (versículo 3). Sin embargo, Dios tenía un plan para Jefté, y ese plan se desarrolló con el tiempo.

Por alguna razón, cuando los amonitas comenzaron una guerra contra Israel, los hombres de Galaad, los mismos hombres que habían rechazado a Jefté y estaban contentos cuando se hubo alejado de ellos, fueron a buscarlo para que fuese su dirigente militar. Este es un giro muy curioso de los hechos que nos conduce a pensar que Jefté no había estado perdiendo su tiempo en amarguras y rabia, sino que algo o alguien le había estado provocando un vuelco en su vida. Los hombres de Galaad no solamente querían a Jefté como su comandante militar, sino que deseaban que juzgara a su pueblo.

Jefté demostró ser un negociador capaz y entendido. Había aprendido mucho de su propia experiencia, pero aun más de sus conversaciones regulares con Dios. Llegó a reconocer que Dios era el verdadero Juez de Israel (ver Jueces 11:27). Cuando los amanitas no respondieron favorablemente a su negociación, fue impulsado por el espíritu de Dios a actuar contra ellos militarmente.

TODO LE ES POSIBLE

Él predominó, y por consiguiente, mantuvo al pueblo de Israel libre de sus enemigos.

Jefté, sin embargo, es más recordado por su fuerte voto a Dios en la víspera de su correría militar:

> Y *Jefté hizo voto a Jehová, diciendo: Si entregares a los amonitas en mis manos, cualquiera que saliere de las puertas de mi casa, cuando regrese victorioso de los amonitas, será de Jehová, y le ofreceré en holocausto.* Jueces 11:30-31

No está claro lo que Jefté esperaba ver saliendo de la puerta de su casa; pero, dado que hablaba de una ofrenda ardiente, debía haber estado pensando acerca de uno de sus animales y considerando cómo usarlo para dar gracias a Dios por la victoria sobre los amonitas. Lo que está muy claro es que nunca esperó que su única hija fuera lo primero que vio a través de esa puerta cuando regresó.

Cuando aconteció ese primer suceso, la reacción de Jefté a este triste vuelco de los hechos era comprensible. *"Rompió sus vestidos"* y declaró que *"me has abatido"* (versículo 35). Solamente podemos imaginar lo que estaba sintiendo en esos momentos.

La mayoría de nosotros hubiésemos compren-

LA GRAN POSTDATA

dido si Jefté se hubiera justificado y no hubiese mantenido su voto en este caso. Aunque sabemos que las promesas son importantes y que es preferible *"mejor es que no prometas, y no que prometas y no cumplas"* (Eclesiastés 5:5), este es un caso excepcional.

Jefté, sin embargo, no formuló evasivas. Su respuesta fue:

> *Le he dado palabra a Jehová, y no podré retractarme.*   Jueces 11:35

Esa declaración demostró la sencilla fe en Dios que tenia Jefté. Estaba seguro que Dios sabía qué era lo mejor, aun si no comprendía qué es lo que estaba sucediendo. Así, rehusó dar un paso atrás.

La hija, al saber lo que su padre le había prometido a Dios, convino con él totalmente:

> *Ella entonces le respondió: Padre mío, si le has dada palabra a Jehová, haz de mí como a lo que prometiste, ya que Jehová ha hecho venganza en tus enemigos los hijos de Amón.*   Jueces 11:36

Esta hija había sido bien educada y reconocía la necesidad de respetar el voto a Dios. Solamente pi-

TODO LE ES POSIBLE

dió un tiempo antes de ser ofrecida, y esa petición fue, por supuesto, concedida.

En el caso de Abraham ofreciendo a Isaac, Dios intervino en el último instante y presentó otro sacrificio. En el caso de Jefté y su hija, nos quedamos pensando qué sucedió realmente. Las Escrituras solamente manifiestan:

> *Pasados los dos meses volvió a su padre, e hizo de ella conforme a su voto que había hecho. Y ella nunca conoció a varón. Y se hizo costumbre en Israel, que de año en año fueran las doncellas de Israel a endechar a la hija de Jefté galaadita, cuatro días en el año.* Jueces 11:39-40

Esta es una de las mayores interrogantes de la Biblia. No sabemos lo que realmente sucedió. Lo que podemos señalar es que Jefté fue recordado como un hombre de fe, que mantuvo sus compromisos con Dios, y que continuó juzgando en Israel durante seis años después de este incidente. El resto debemos dejarlo a Dios. Personalmente, me parece inconcebible que Dios demandara el sacrificio de una hija, mas, ¿quién soy yo para juzgar a Dios? Él hace todas las cosas bien.

¡Enséñanos la fe sencilla, Señor!

LA GRAN POSTDATA
Aprendiendo la fe sencilla de David

¿Y qué más digo? Porque el tiempo me faltaría contando de ... David. Hebreos 11:32

David fue uno de los personajes más importantes de la Biblia. Ocupó un lugar tan importante en el corazón de Dios que a Jesús se le llamó *"el hijo de David."*

David tenía muchos atributos. Sobresalió como atleta, músico, poeta, soldado y rey. Su éxito, sin embargo, no se debió a su edad, dado que era el hijo menor de Jessé, y como tal, fue ignorado durante la visita del profeta Samuel quien estaba buscando al próximo rey de Israel.

El éxito de David no se debió a su experiencia. Precisamente debido a su juventud e inexperiencia fue relegado al trabajo más bajo que era encargarse de las ovejas.

El éxito de David no fue debido a su estatura. El rey Saúl era un hombre de gran tamaño, pero David era de baja estatura.

El éxito de David no fue debido a su reputación, porque sólo era bien conocido por sus ovejas. Cuando Samuel llamó a los otros hermanos para entrevistarlos, toda la familia pareció olvidar que David existía. A su familia, era David poco más que el ultimo pensamiento.

TODO LE ES POSIBLE

El éxito de David se debió solamente a su fe sencilla en Dios, una fe alimentada en la soledad de su redil de ovejas. Fue allí, en la quietud de los campos donde David habló y cantó a Dios y desarrolló un estilo de adoración y un conjunto de salmos que ha bendecido a todo el mundo desde entonces.

Cuando se abrió camino a través del escenario de batalla y enfrentó a Goliat (aparentemente por error), David no tuvo miedo porque Dios había estado junto a él cuando tuvo un encuentro con un oso, y más tarde, con un león. Los había derrotado a ambos, y sabía que Dios lo ayudaría en esta ocasión también. No estaba adversamente afectado por el terror que experimentaban los otros soldados en servicio de Israel, sino que gustosamente enfrentó al gigante y venció.

El llamado a servicio se produjo muy pronto en la vida de David, al igual que lo fue en la de José, y, del mismo modo que José tuvo que esperar pacientemente durante trece años mientras Dios lo moldeaba, David tuvo que pasar un período similar antes de asumir el trono de Israel.

David rehusó fomentar su propia causa dando muerte a Saúl, aunque tuvo dos oportunidades para hacerlo. ¿Quién lo podría haber culpado por matar al rey que se había vuelto contra él sin tener razón y comenzó a perseguirlo sin piedad?

La fe de David unió y extendió el reino de los ju-

LA GRAN POSTDATA

díos y les aseguró un lugar que sería sagrado para todo el mundo, la ciudad de Jerusalén. Cuando llevó el Arca del pacto hacia esa ciudad, lo hizo con gran regocijo, con bailes y sacrificios al Señor.

Mucho de lo que hoy día sabemos sobre el culto lo hemos aprendido de David, quien instaló músicos y cantantes ungidos para esperar en la presencia del Señor y presentar al pueblo ante Él. El humilde tabernáculo de David, probablemente nada más que una simple tienda, asentó magna gloria a la ciudad santa y dejó su marca para todas las generaciones futuras.

Fue David quien llevó a cabo las preparaciones preliminares para la construcción del gran templo en Jerusalén. Sin embargo, se le prohibió construir el templo, porque demostró ser un *"hombre de guerra."* David cayó en la trampa de su autoridad, como a menudo sucede cuando los hombres olvidan quien es responsable y desatienden los mandamientos de los cielos.

Antes de ser rey, David lideró un grupo de revoltosos. Hizo un censo de Israel en contra de los designios de Dios. Llegó a disfrutar de la guerra y sobrepasó los límites que Dios le había establecido. Pecó con Bath-sheba y complicó su falta haciendo que su esposo fuese muerto en batalla.

A pesar de todo, David fue redimido y mantuvo su reinado, mientras que Saúl perdió el suyo por

TODO LE ES POSIBLE

una infracción menor. Esto se debió a que David también fue un hombre de arrepentimiento. Cantó:

Ten piedad de mí, oh Dios, conforme a tu misericordia;
Conforme a la multitud de tus piedades borra mis rebeliones.
Lávame más y más de mi maldad
Y límpiame de mi pecado.
Porque yo conozco mis rebeliones,
Y mi pecado está siempre delante de mí.
Contra ti, contra ti solo he pecado,
Y hecho lo malo delante de tus ojos:
Para que seas reconocido justo en tu palabra,
Y tenido por puro en tu juicio.

Purifícame con hisopo, y seré limpio;
Lávame, y seré más blanco que la nieve.
Hazme oír gozo y alegría;
Y se recrearán los huesos que has abatido.
Esconde tu rostro de mis pecados,
Y borra todas mis maldades.
Crea en mí, oh Dios, un corazón limpio,
Y renueva un espíritu recto dentro de mí.
No me eches de delante de ti;
Y no quites de mí tu Santo Espíritu.

· LA GRAN POSTDATA

Vuélveme el gozo de tu salvación,
Y el espíritu noble me sustente.
                                    Salmo 51:1-4, 7-12

David fue perdonado (ver 2 Samuel 12:13).

A pesar de su arrepentimiento y reparación, David sufría mucho por su pecado. Su hijo recién nacido murió; su hijo Amnón violó a su hermana Tamar; otro hijo, Absalom, dio muerte a Amnón; Absalom más tarde dividió el reino de David y obligó a su padre a escapar de su capital; luego Joab, el fiel sirviente de David, mató a Absalom. En general, David tuvo más que su participación en los problemas personales, sin embargo, prevaleció en su fe y preparó a Salomón para tomar su lugar y construir lo que él no pudo edificar. La historia lo juzgó bien y se le conoció como un *"varón conforme a su corazón* [el corazón de Jehová]" (1 Samuel 13:14). Podemos aprender mucho del ejemplo de David.

¡Enséñanos la fe sencilla, Señor!

Aprendiendo la fe sencilla de Samuel

¿Y qué más digo? Porque el tiempo me faltaría contando de... Samuel.   Hebreos 11:32

Samuel fue el último de los jueces de Israel.

TODO LE ES POSIBLE

Fue bendecido porque su madre amaba a Dios y lo amaba a él también. Ella lo consideró como un milagro de Dios y lo consagró al servicio del Señor, incluso antes de su nacimiento.

Leal a su palabra, tan pronto el niño fue desmamado (aparentemente mucho más tardíamente que son desmamados los niños en la actualidad), Anna llevó a Samuel al templo y lo dejó para ser educado en el sacerdocio. Esto debió ser una experiencia traumática para un niño tan joven, pero Anna nunca dejó de amarlo, lo visitaba, y le regalaba a su hijo un abrigo nuevo cada año.

¡Qué privilegio fue para Samuel poder servir al Señor a tan corta edad! Esta experiencia le ayudó a oír la voz de Dios y convertirse en profeta para la nación.

Samuel respondió al favor del Señor durante su vida. *"No dejó caer a tierra ninguna de sus palabras"* (1 Samuel 3:19), sino que se volvió un serio hombre de oración y contemplación, declarando abiertamente a la nación lo que Dios le enseñó.

Fue durante la vida de Samuel cuando Israel se rebeló contra la forma de gobierno de Dios e insistió en tener un rey como otras naciones. Samuel lloró ante Dios, pero el Señor lo consoló diciéndole que el pueblo no lo rechazaba a él personalmente; estaba rechazando a Dios. Luego Dios usó a Samuel para ungir a los dos primeros reyes de

LA GRAN POSTDATA

Israel, primero a Saúl, y luego, cuando falló éste, a David.

Adicionalmente, Samuel estableció una escuela de los profetas, instruyendo a otros hombres los secretos espirituales que él mismo había aprendido.

Más tarde, Samuel fue considerado ser el precursor de todos los profetas judíos:

> *Y todos los profetas desde Samuel en adelante, cuantos han hablado, también han anunciado estos días.* Hechos 3:24

Quizás, la fe de Samuel fue revelada principalmente por el hecho de que al conocer la voz de Dios, no tenía temor de los hombres. Le dijo a Elí exactamente lo que el Señor le había señalado en el templo, aunque el mensaje implicaba la destrucción del hogar del sacerdote, *"sin encubrirle nada"*:

> *Y Samuel se lo manifestó todo, sin encubrirle nada.* 1 Samuel 3:18

Samuel no tenía temor en desafiar al rey Saúl:

> *Saúl le dijo: Bendito seas tú de Jehová; yo he cumplido la palabra de Jehová. Samuel entonces dijo: ¿Pues qué balido de ovejas y*

TODO LE ES POSIBLE

bramido de vacas es este que yo oigo con mis oídos? 1 Samuel 15:13-14

Cuando se enfrentó a los filisteos, Samuel oró para su retirada:

Y aconteció que mientras Samuel sacrificaba el holocausto, los filisteos llegaron para pelear con los hijos de Israel. Mas Jehová tronó aquel día con grande estruendo sobre los filisteos, y los atemorizó, y fueron vencidos delante de Israel. Y saliendo los hijos de Israel de Mizpa, siguieron a los filisteos, hiriéndolos hasta abajo de Bet-car. Tomó luego Samuel una piedra y la puso entre Mizpa y Sen, y le puso por nombre Eben-ezer: Hasta aquí nos ayudó Jehová. Así fueron sometidos los filisteos, y no volvieron más al entrar en el territorio de Israel; y la mano de Jehová estuvo contra los filisteos todos los días de Samuel. 1 Samuel 7:10-13

¡Qué gran hombre de fe! El tiempo y el espacio no nos permiten contar más sobre sus hazañas. Estamos bajo las mismas restricciones que el escritor de Hebreos en su gran postdata al capítulo 11. Tenemos mucho que aprender de todos estos

LA GRAN POSTDATA

grandes hombres y mujeres de fe, pero queremos dejar espacio para hablar de vuestra fe, porque esa es la importante en este momento.

¡Enséñanos la fe sencilla, Señor!

La parte 4ª

La aplicación personal

Capítulo 15

Tu fe

Pero sin fe es imposible agradar a Dios; porque es necesario que el que se acerca a Dios crea que le hay, y que es galardonador de los que le buscan. Hebreos 11:6

Era una gran postdata, ¿no es cierto? ¿Y qué estaba tratando de decirnos el escritor que aprendiéramos y que deberíamos recordar de Abel, Enoc, Noé, Abraham, Sara, Isaac, Jacob, José, Moisés, Josué, Rahab, Gedeón, Barac, Sansón, Jefté, David y de Samuel? Él dijo:

Conquistaron reinos.

TODO LE ES POSIBLE

Hicieron justicia.
Alcanzaron promesas.
Taparon bocas de leones.
Apagaron fuegos impetuosos.
Evitaron filo de espada.
Sacaron fuerzas de debilidad.
Se hicieron fuertes en batallas.
Pusieron en fuga ejércitos extranjeros.
Recibieron sus muertos mediante resurrección.

Y todo lo hicieron *"por fe."* Ninguna de estas obras fue lograda debido a la capacidad mental o a los talentos naturales de la persona implicada, sino a través de la sencilla fe en Dios y a través de la obediencia inspirada por tal fe sencilla.

Otro punto muy importante se señala en Hebreos, uno que muchos han pasado por alto. La fe de estos héroes también se demostró por su disposición a sufrir por lo que ellos creían era lo correcto. Si los cristianos deberían o no sufrir por algo se ha tornado en una acalorada controversia entre los creyentes, algunos señalando que sufrir por algo es señal de una falta de fe, mientras que otros tienen una postura más tradicional sobre este tema. Dado que vivimos en medio de la imperfección, el mundo nunca ha comprendido a aquellos que aman y confían en Dios, y a menudo

TU FE

los han tratado mal. Los sufrimientos que este mundo ha presenciado sobre el pueblo de Dios, no obstante, nunca se han interpretado como una señal de falta de fe. En efecto, las dos locuciones: *"recibieron sus muertos mediante resurrección"* y *"fueron atormentados, no aceptando el rescate"* son parte de la misma oración. Aunque no se espera la hostilidad del mundo, en algunas instancias la presumimos, y se debe aceptar como parte normal de la vida cristiana.

De estos héroes el escritor manifiesta:

Fueron atormentados, no aceptando el rescate;a fin de obtener mejor resurrección.
Otros experimentaron vituperios y azotes, y a más de esto prisiones y cárceles.
Fueron apedreados, aserrados, puestos a prueba, muertos a filo de espada.
Anduvieron de acá para allá cubiertos de pieles de ovejas y de cabras, pobres, angustiados, maltratados.
Errando por los desiertos, por los montes, por las cuevas y por las cavernas de la tierra.

Para algunos, todo esto no semejan acciones de gente victoriosa de la fe, sin embargo, Hebreos declara que *"el mundo no era digno"* de estos hombres y mujeres. No sólo una vez está el mencionado

TODO LE ES POSIBLE

sufrimiento de tales santos en forma despectiva, como si pudiesen haberlo evitado, si solamente tenían fe. Lo contrario se manifiesta. Rehusaron evitarlo porque tenían fe.

Si fuese cierto que pudieras evitar todo sufrimiento si tienes fe, entonces Jesús no ejercitó la fe. Él sufrió la ira de este mundo y enseñó a sus discípulos que ellos también deberían estar prestos a sufrirla. Jesús dijo:

> *Y seréis aborrecidos de todos por causa de mi nombre; mas el que persevere hasta el fin, éste será salvo.* Mateo 10:22

> *Entonces os entregarán a tribulación, y os matarán, y seréis aborrecidos de todas las gentes por causa de mi nombre.*
>
> Mateo 24:9

> *Si el mundo os aborrece, sabed que a mí me ha aborrecido antes que a vosotros.*
>
> Juan 15:18

La fe sencilla en Dios nos prepara para cualquier eventualidad. Si surgen problemas, debemos enfrentarlos abiertamente, sabiendo que Dios no ha cambiado, que su amor por nosotros no ha varia-

TU FE

do, y que Él está trabajando en todo para nuestro beneficio. Como declaran las escrituras:

Y sabemos que a los que aman a Dios, todas las cosas les ayudan a bien, esto es, a los que conforme a su propósito son llamados.
Romanos 8:28

"Sabemos," y eso debería ser suficiente.

La fe nos hace victoriosos en buenos y malos momentos. Nos hace triunfar en momentos de carencia y en momentos de prosperidad. El apóstol Pablo aprendió cómo prosperar espiritualmente cuando las cosas iban bien y cuando no:

Sé vivir humildemente, y sé tener abundancia; en todo y por todo estoy enseñado, así para estar saciado como para tener hambre, así para tener abundancia como para padecer necesidad. Filipenses 4:12

Pablo dijo: *"Estoy enseñado."* Él creía que Dios le había indicado tanto *"cómo vivir humildemente"* como *"tener abundancia,"* tanto para *"estar saciado"* como para *"tener hambre,"* tanto para *"tener abundancia"* como para *"padecer necesidad."*

Cómo sufrir y cómo prosperar son dos extremos que la mayoría de nosotros no manejamos muy

TODO LE ES POSIBLE

bien. Estamos bien mientras la vida sigue más o menos un rumbo regular, pero cuando nos presenta una curva, rápidamente caemos en cuenta lo que nos hace y a menudo no nos agrada lo que vemos. Demasiado a menudo nos descorazonamos, nos abatimos y perdemos la fe en Dios, cuando Él precisamente está buscando la dirección contraria. Tenemos mucho que aprender al respecto.

Del mismo modo que muchos de nosotros no hemos aprendido a sufrir, la mayoría no hemos aprendido a prosperar. Dado que la prosperidad trae consigo nuevas tentaciones, nuevas exigencias de una conducta responsable, nuevas oportunidades para flexionar nuestros músculos y tomar decisiones para cambiar nuestra vida, también afecta adversamente a muchos creyentes. Al igual que un sinnúmero de buenos cristianos que se vienen abajo debido a la prosperidad, asimismo se derrumban por los problemas y quizás aun más. No es fácil sufrir y tampoco es fácil prosperar, no obstante Dios nos quiere enseñar cómo manejar ambas situaciones.

Cuando llega la prosperidad, la fe sencilla nos mantiene humildes y reconocemos la fuente de nuestras bendiciones. Nos hace confesar que Dios es todo y que no somos nada. De este modo, evitamos los escollos de la riqueza. Muchos de nosotros caemos víctimas de las tentaciones de la riqueza

TU FE

y, como resultado, Dios debe ocultar su bendición de nosotros por un tiempo, porque nos ama tanto.

Hay tanta enseñanza en la Biblia sobre los peligros de la riqueza como también promesas de prosperidad. El éxito puede ser el peligro más grande para la vida cristiana, mucho más peligroso que cualquier demonio que pudiésemos afrontar.

De la misma manera, uno de los temas más prominentes del libro de los Hechos (el único libro de historia en el Nuevo Testamento) es la persecución e injustificado sufrimiento que experimentó la iglesia de la primera época. Se dice más sobre la persecución, por ejemplo, que de la liberación de demonios o curaciones, o incluso de salvación. El sufrimiento es parte de la vida cristiana y nos llega porque Dios nos ama.

El apóstol Pablo declaró:

Porque esta leve tribulación momentánea produce en nosotros un cada vez más excelente y eterno peso de gloria.
2 Corintios 4:17

Pues tengo por cierto que las aflicciones del tiempo presente no son comparables con la gloria venidera que en nosotros ha de manifestarse. Romanos 8:18

TODO LE ES POSIBLE

La gente de fe puede amar a Dios y permanecer felices cuando llueve y cuando brilla el sol. Pueden estar tan felices cuando sus bolsillos están vacíos como cuando están llenos. Pueden alegrarse cuando los aman y cooperan con ellos, y aun alegrarse cuando los malentienden y trabajan contra ellos. Dado que la fe sencilla se basa en un Dios inalterable, no debe ser una fe vacilante o sencillamente no es fe en absoluto.

La fe sencilla es nuestra intimidad con Dios y no se debe permitir que nada se interponga entre la confidencialidad que compartimos con Él. Las circunstancias, sean éstas buenas o malas, no se deben permitir que afecten el cómo nos relacionamos con nuestro creador. Él nunca cambia, no importa qué cambie alrededor nuestro.

La fe es un asunto muy personal, y en un sentido muy real, yo no puedo ir más allá diciéndote cómo debería ser tu relación con Dios. Él requiere algo único de parte de cada uno de nosotros, de tal modo que la relación de fe que Él disfruta con cada persona sea diferente.

Él puede no decirte que construyas un arca, reunir un ejército o hacer sonar una trompeta, ni marchar alrededor de los muros de Jericó o cualquiera de las otras cosas que estos hombres y mujeres de la Biblia hizo. Puede que no te conduzca a abandonar tu hogar y viajar a un país

TU FE

extranjero, establecer iglesias en lugares donde no las hay o abrir una escuela Bíblica y preparar trabajadores para la cosecha o escribir un libro, o establecer un ministerio como a mí.

No podemos simplemente copiar la fe de otros o intentar duplicar las cosas que están llamados a realizar. Mientras podamos aprender de los otros, y confío que has aprendido y continuarás aprendiendo de estos héroes bíblicos de la fe, en algún momento debes tenerte en pie en tu propia fe.

Podemos concluir de la experiencia de estos hombres y mujeres de la Biblia, que es importante llegar a conocer a Dios y oír su voz, que es importante obedecerlo (aun cuando la circunstancia esté antagónica) y que no necesitamos nada físico para probarnos lo que Dios puede hacer. Nuestra fe es toda la evidencia que necesitamos. No requerimos de más sustancia.

Hasta ahí es donde yo puedo legar; el resto depende de ti. ¿Hallarás a Dios digno de confianza? ¿Creerás lo que él te dice? ¿Probarás tu confianza en Él obedeciendo su única voluntad para tu vida? ¿Avanzarás sin requerir algo más que tu relación de fe en el indefectible Dios? Confío en que sí lo harás y que además, en el tiempo, seas añadido a la lista de los héroes de Dios.

¡Enséñanos la fe sencilla, Señor!

www.ingramcontent.com/pod-product-compliance
Lightning Source LLC
Chambersburg PA
CBHW032114090426
42743CB00007B/353